Universelle Intelligenz

Ein praktischer Leitfaden
Unendliche Kraft im Inneren

cerebrouniverse.co

Josh Dirks

KC Dochtermann

Erste Ausgabe – April 2026

Editor: KC Dochtermann

Covergestaltung: Eben Tobias Greene

Herausgeber: Pariah Works, LLC

ISBN: 978-1-971839-05-9 (gebundene Ausgabe)
ISBN: 978-1-971839-06-6 (Taschenbuch)
ISBN: 978-1-971839-07-3 (ePUB)
ISBN: 978-1-971839-08-0 (iBook)
ISBN: 978-1-971839-09-7 (Kindle)

„Die Universelle Intelligenz setzt sich für jede einzelne Wirkung in Bewegung … oder sie setzt sich einmal in Bewegung, und alles Weitere ergibt sich in einer bestimmten Abfolge; oder einzelne Elemente sind der Ursprung aller Dinge. Kurz gesagt: Wenn es einen Gott gibt, ist alles gut; und wenn der Zufall regiert, lass dich nicht von ihm beherrschen.“

- ***Marcus Aurelius***

Hingabe

*An die Menschheit –
Die Zukunft mag ungewiss erscheinen, und für viele wirkt der Horizont überschattet vom rasanten Aufstieg der künstlichen Intelligenz und der wachsenden Möglichkeit des Aussterbens der Menschheit. Doch wir glauben unerschütterlich an den menschlichen Geist – dieselbe Kraft, die unsere Vorfahren durch Hungersnöte, Stürme, Kriege und das Ungewisse trug. Sie überlebten, passten sich an und sicherten den Fortbestand des Lebens.*

Heute schreitet die Technologie rasant voran, und in ihrem Glanz haben viele die universellen Wahrheiten vergessen, die uns einst leiteten. Wir haben zugelassen, dass Ablenkung den Sinn verdrängt, Lärm die Bedeutung ersetzt und Bequemlichkeit die Verbundenheit untergräbt. Dieses Buch ist unser bescheidener Versuch, uns wieder einen Wegweiser zu geben – uns daran zu erinnern, wie wir ursprünglich leben, lieben, Gemeinschaft pflegen und als ganzheitliche, erwachte Wesen wirken sollten.

*Vor allem aber widmen wir dieses Buch unseren Kindern.
Unser größter Wunsch ist, dass diese Seiten ihnen einen ersten Anstoß geben – einen Anstoß zur Rückbesinnung auf ihre innere Mitte, eine Wiedergeburt der Spiritualität und ein Leben in Harmonie mit der universellen Intelligenz, die schon immer in ihnen war. Mögen sie ein erfülltes Leben führen, tief lieben und Freude finden, die noch lange nach unserem Tod währt.*

Vorwort

Wenn Sie dieses Buch in Ihren Händen halten – oder durch seine Seiten auf einem Bildschirm scrollen – dann sollten Sie Folgendes wissen: Sie sind nicht zufällig hier gelandet.

Irgendwann flüsterte dir etwas in dir zu, dass es da noch mehr geben müsse. Mehr Sinn. Mehr Verbundenheit. Mehr Leben als das, was in Tagen, Wochen und Jahren an dir vorbeizieht. Dieses Flüstern ist dasselbe, das die Menschheit seit Jahrtausenden ruft. Es ist die Stimme der *universellen Intelligenz* .

Wir leben in einer Welt voller Lärm. Benachrichtigungen buhlen um unsere Aufmerksamkeit. Schlagzeilen schüren unsere Angst. Der rasante Aufstieg der künstlichen Intelligenz transformiert ganze Branchen, verändert Wirtschaftssysteme und vernichtet in manchen Fällen Existenzen. Viele Menschen stellen ihren Wert, ihre Rolle und ihre Zukunft infrage. Das Leben rast in einem Tempo voran, für das kein Mensch geschaffen ist. Doch unter all dem fließt eine stille Strömung – ein tiefer, stetiger Puls –, die die Menschheit schon lange leitet, lange bevor sich das erste Rad drehte oder der erste Funke die Nacht erhellte.

Dieses Buch ist eine Brücke zu dieser Strömung.

Es ist kein weiteres Selbsthilfebuch, das Ihnen Ihre Fehler aufzeigt oder Wunder über Nacht verspricht. Vielmehr ist es eine Einladung – sich daran zu erinnern, was bereits gut an Ihnen ist. Sich wieder mit den *Elementen zu verbinden* , mit denen Sie geboren wurden, und den *Prinzipien* , die Ihr Leben seit Anbeginn getragen haben.

In diesem Buch finden Sie Geschichten von Menschen, die sich jeder Logik widersetzt haben, Forschungsergebnisse, die uralte Weisheiten endlich bestätigen, und praktische Anleitungen, um das in Ihnen zu erwecken, was schon

immer in Ihnen schlummerte. Sie werden erkennen, dass Wille mehr ist als nur Entschlossenheit – er ist der unsichtbare Motor, der uns antreibt.
Intuition ist keine Ahnung – sie ist ein Kompass, der auf die Frequenz der Seele abgestimmt ist. Präsenz, Gnade, Dankbarkeit und Fülle sind keine hochtrabenden Ideale – sie sind Geisteshaltungen, die wir im nächsten Atemzug wählen können.

Aber die Wahrheit ist: Allein das Lesen dieses Buches wird Ihr Leben nicht verändern.

Die Anwendung dessen, was darin enthalten ist, wird es tun. Sie werden aufgefordert, Tagebuch zu führen. Zur Ruhe zu kommen. In die Natur zu gehen. Ihren Geist zu beruhigen. Zuzuhören. Einen Weg zu wählen, nicht weil er der einfachste ist, sondern weil er Sie Ihrem wahren Selbst näherbringt.

Und wenn Sie sich entscheiden, diese Schritte zu gehen, werden Sie nicht allein sein. Sie werden Teil einer wachsenden Bewegung von Menschen weltweit, die zu ihrer ursprünglichen Bestimmung erwachen, dem Ruf der *universellen Intelligenz folgen* und die Wahrheit erkennen, dass wir nicht nur zum Überleben hier sind, sondern um ein erfülltes Leben zu führen, großzügig zu geben und die Welt besser zu hinterlassen, als wir sie vorgefunden haben.

Der Weg vor Ihnen ist nicht geradlinig. Er wird Sie herausfordern. Doch er wird Sie auch mit Momenten der Schönheit, Klarheit und Freude überraschen, die Sie sich jetzt noch nicht vorstellen können. Wir hoffen, dass Sie nach der Lektüre dieses Buches nicht nur das Buch beiseitelegen, sondern den Schritt in ein Leben wagen, in dem Glaube, Handeln und Verbundenheit Sie täglich begleiten.

Wir alle wurden für diesen Moment geschaffen.
Jetzt ist der richtige Zeitpunkt, um anzufangen.

Inhalt

Kapitel 1 – Einführung in die Benutzeroberfläche

Was ist *Universelle Intelligenz* ? Es ist das Konzept, dass eine fundamentale Kraft oder ein Prinzip die Organisation und Evolution im gesamten Universum lenkt. Sie existiert in aller Materie, die im Wesentlichen Energie ist. Überall um uns herum finden sich physikalische Beweise für ihre Existenz – die perfekte Form der Vogelflügel, Blumen, die in perfekter Symmetrie wachsen, der perfekte Kreis des Mondes, der von oben auf uns herabscheint.

Die menschliche Intelligenz ist ein kleinerer, aber eleganter Ausdruck dieser umfassenderen Intelligenz. Diese höhere Intelligenz reicht weit über den menschlichen Intellekt, die Vorstellungskraft und das Verständnis hinaus. Manche bezeichnen sie als Höheres Wesen oder Höhere Entität, obwohl sich das Konzept wohl jeder eindeutigen Definition entzieht. Auch wenn eine solche Kraft sie lenken oder beleben mag, wissen wir, dass *die Universelle Intelligenz* existieren muss, da sie Struktur und Ordnung im Universum schafft. Ohne sie würden alle Energie und Materie im Chaos versinken.

Manche mögen das Konzept der *Universellen Intelligenz infrage stellen* und es als unwissenschaftlich bezeichnen. Doch es ist eine Wahrheit, die sich jedem Beweis entzieht, eine Wahrheit, die sich durch Harmonie, Gleichgewicht und Ordnung offenbart. Heilige Geometrie, natürliche Mathematik, Symmetrie und die elegante Präzision von Ökosystemen sprechen allesamt gegen Zufall. Schöpfung und Evolution sind möglicherweise keine chaotischen Zufälle, sondern vielmehr das Ergebnis einer intelligenten, ordnenden Kraft, die in allem gegenwärtig ist.

Universelle Intelligenz entspringt nicht dem Gehirn, sondern dem Herzen – genauer gesagt, der Seele. Sie ist grenzenlos, zeitlos und unendlich. Sie lässt sich weder messen, berechnen noch analysieren, da sie nicht denselben Gesetzmäßigkeiten wie die Materie unterliegt. Sie wird in Momenten tiefer Stille, Liebe oder Ehrfurcht gefühlt, intuitiv erfasst und erkannt. Aus diesem Grund stoßen Werkzeuge des menschlichen Bewusstseins wie Wissenschaft, Logik und Sprache oft an ihre Grenzen, wenn es darum geht, sie vollständig zu beschreiben. Sie sind geprägt von den Grenzen des Verstandes und der Technologie ihrer Zeit, während solche Beschränkungen *die Universelle Intelligenz nicht einengen* .

Die menschliche Intelligenz hingegen entspringt dem Gehirn. Sie ist kreativ, emotional und intellektuell, fähig zu Erfindungen, Entdeckungen und Reflexionen. Doch sie ist begrenzt, eingeschränkt durch unsere Wahrnehmungs- und Vorstellungskraft. *Die Universelle Intelligenz* hingegen ist das unendliche Feld, aus dem die menschliche Intelligenz entspringt und zu dem sie zurückkehrt. Sie ist das stille Wissen, das allem Denken zugrunde liegt. Das Flüstern vor der Vernunft. Die Schwingung, die jedem Augenblick der Intuition und Ehrfurcht zugrunde liegt.

Wie können wir diese Intelligenz besser nutzen, um unser Leben und unsere Erfahrungen zu bereichern? Indem wir die Schönheit in uns selbst und in allem, was existiert, entdecken und so Glück und Erfüllung finden, anstatt sie im Äußeren zu suchen, gelingt uns dies. Hier kommt die menschliche Intelligenz ins Spiel – sie erkundet die Welt durch ihre vielfältigen Ausdrucksformen: Denken, Fühlen, Kreativität und Wille. Sie ist das Mittel. *Die Universelle Intelligenz* ist ihre Quelle.

Die Fünf Prinzipien der *Universellen Intelligenz*

1. **Wir alle sind Energie.**

Die Entdeckung des „Gottesteilchens" bewies, dass alle Materie Energie ist und dass dieses Teilchen anderen Teilchen Masse verleiht. Dies ist ein starker Beweis dafür, dass alles auf intelligentem Design beruht.

2. **Wir sind alle gleich.**

Wir alle entspringen derselben Energiequelle, demselben Ursprung des Geistes, demselben Ausgangspunkt . Das macht uns alle gleich; niemand ist größer oder kleiner als der andere.

3. **Wir sind alle miteinander verbunden.**

Weil wir denselben Ursprung haben, sind wir untrennbar miteinander, mit der Natur und mit dem Universum selbst verbunden.

4. **Wir alle haben Zugang zu göttlicher Weisheit.**

Viele Antworten finden sich nicht im Lärm der Außenwelt, sondern in der Stille unseres Inneren. Jeder von uns trägt einen Teil dieser höheren Weisheit in sich.

5. **Wir alle besitzen die Fähigkeit, unsere Wünsche zu manifestieren.**

Was wir aussenden, empfangen wir. Was wir uns vom Universum wünschen, ziehen wir an. Im Grunde sind wir für unsere eigene Realität verantwortlich.

fehlen. Vielleicht ist auch dies Teil der Gabe Universelle Intelligenz – dass uns sowohl Harmonie als auch Entropie zur Verfügung stehen, mit denen wir arbeiten können, wie mit Ebbe und Flut, Dunkelheit und Licht, Gut und Böse. Unsere Aufgabe besteht also nicht nur darin, die Struktur der Ordnung zu erkennen, sondern sie bewusst in unser Leben zu integrieren und uns für das Gleichgewicht zu entscheiden, anstatt im Chaos zu versinken.

Es ist an der Zeit, die Kluft zwischen Materiellem und Intrinsischem zu überbrücken. Weg von einer fragmentierten, unzusammenhängenden Existenz hin zur *Konvergenz* . Vor einem Jahrzehnt begannen Vordenker der Technologiebranche vom „Zeitalter der Konvergenz“ zu sprechen und meinten damit die Verschmelzung von Medien, Internet, Satelliten und Datensystemen zu einheitlichen globalen Netzwerken. Obwohl diese digitale Revolution eine tiefere globale Vernetzung versprach, hat sie ironischerweise zu einer Epidemie von Einsamkeit und digitaler Entfremdung geführt.

Die Pandemie hat dieses Paradoxon verschärft. Obwohl die Menschen technologisch vernetzter sind als je zuvor, berichteten sie von einem Rekordniveau an Isolation und emotionaler Belastung. Eine Studie von Cigna aus dem Jahr 2020 ergab, dass über 60 % der Erwachsenen in den USA angaben, sich „oft“ oder „immer“ einsam zu fühlen – eine Zahl, die während der Lockdowns stark anstieg.

Dies offenbart eine tiefere Wahrheit: Wir sind von Natur aus soziale Wesen. Die Neurowissenschaft bestätigt dies – unser Gehirn ist auf Empathie, Kooperation und soziale Bindung ausgelegt. Studien der Sozialpsychologie und der interpersonellen Neurobiologie zeigen, dass Gemeinschaft und Zugehörigkeit wesentlich für unser emotionales und sogar physisches Wohlbefinden sind (Siegel, *The Developing Mind* , 2012[3]) .

Jetzt ist es an der Zeit, diese Wahrheit wiederzuentdecken – uns daran zu erinnern, was es bedeutet, Mensch zu sein, nicht nur biologisch, sondern auch spirituell und gemeinschaftlich. *Universelle Intelligenz* ist nicht nur ein persönlicher innerer Kompass; sie ist ein gemeinschaftlicher Aufruf, eine Einladung, das Gefüge menschlicher Verbundenheit neu zu knüpfen. Wir dürfen digitale Interaktion nicht mit seelischer Begegnung verwechseln. Im selben Raum zu sitzen und auf Bildschirme zu starren, ist keine Gemeinschaft – es ist bloßes Zusammenleben ohne Verbindung.

Wenn wir dieses Muster erkennen können – wenn wir bewusst Raum schaffen, um innezuhalten, präsent zu sein, zuzuhören – dann schaffen wir die Möglichkeit, dass *universelle Intelligenz* in uns und um uns herum zum Vorschein kommt.

Wir haben die Möglichkeit , in unseren Gedanken, unseren Herzen und unserer gemeinsamen Umwelt **Raum zu** schaffen , damit diese Intelligenz sprechen, leiten und vereinen kann.

Kapitel 2 – Wir Alle Sind Energie

Das „Gottesteilchen", offiziell Higgs-Bonson genannt, ist das fundamentale Teilchen im Standardmodell der Teilchenphysik. Es wurde 2012 am CERN (Europäische Organisation für Kernforschung) in der Nähe von Genf in der Schweiz entdeckt. Das CERN beherbergt den größten Hadronen-Collider der Welt, einen Teilchenbeschleuniger, der Protonen oder Ionen auf nahezu Lichtgeschwindigkeit beschleunigt.

Dieses Teilchen steht in Verbindung mit dem Higgs-Feld, das das Universum durchdringt und allen Teilchen Masse verleiht. Es bildet die Grundlage der Teilchentheorie und erklärt, wie Teilchen Masse erhalten. Vereinfacht ausgedrückt: Es ist das Teilchen, das Energie in Masse umwandelt. Ohne es würden viele Teilchen und Materie, wie wir sie kennen, nicht existieren. Die Theorie wurde erstmals durch Albert Einsteins Relativitätstheorie und seine berühmte Gleichung $E = mc^2$ gestützt . Dies verdeutlichte den Zusammenhang zwischen Energie und Masse. Das Konzept basiert auf der Quantenphysik, die das Universum als ein vernetztes Energiesystem beschreibt. Es wird angenommen, dass alle Materie, einschließlich unseres Körpers , aus Energie besteht, die mit unterschiedlichen Frequenzen schwingt. Obwohl feste Materie also scheinbar statisch ist, befindet sich auf atomarer Ebene alles in ständiger Bewegung und Schwingung. Ein empfehlenswerter Artikel dazu ist „Das Gottesteilchen: Wenn das Universum die Antwort ist, was ist dann die Frage?" von Leon M. Lederman · Manche mögen argumentieren, der Unterschied zwischen Energie und Materie sei lediglich ein physikalischer Zustand und jede weitere Diskussion darüber eine Vereinfachung einer wissenschaftlich bewiesenen Tatsache. Und genau darin liegt oft das Dilemma: Wenn etwas nicht mit wissenschaftlichen Methoden bewiesen werden kann, wird seine Existenz von den meisten Wissenschaftlern infrage gestellt.

Wie lässt sich dieses Prinzip auf die Universelle Intelligenz anwenden?

Das Konzept, dass „Alles Energie ist“, betrifft uns alle, nicht nur in wissenschaftlicher, sondern auch in philosophischer und spiritueller Hinsicht:

Schwingungsfrequenz:

Alles im Universum, sowohl unbelebte Objekte als auch Lebewesen, schwingt mit einer bestimmten Frequenz. Auch Handlungen, Emotionen und Gedanken können unsere Schwingungsfrequenz und somit unsere Realität beeinflussen. Wie Einstein sagte: „Passe deine Frequenz der Realität an, die du dir wünschst, und du wirst diese Realität erfahren.“ Dies deckt sich mit der philosophischen Ansicht, dass manche Menschen positive Energie ausstrahlen, indem sie die höheren Elemente von Dankbarkeit, Freude, Liebe und Frieden verinnerlichen. Eine weitere Anwendung ist spiritueller Natur: die Vorstellung, dass der Körper Energiezentren oder „Chakren“ besitzt. Durch die Aktivierung oder Harmonisierung dieser Zentren mithilfe verschiedener Praktiken kann man die Schwingungsenergie erhöhen, das Bewusstsein erweitern und ein gesünderes und erfüllteres Leben führen. Obwohl es derzeit keine wissenschaftlichen Beweise für diese Annahmen gibt, deuten neuere Forschungsergebnisse auf die klinischen Vorteile von Ganzkörper-Vibrationstraining hin. (Healthline, 2024)

Vernetzung:

Dieses Konzept besagt, dass alles, da es aus Energie besteht, auf eine Art miteinander verbunden ist. So wie ein ins Wasser geworfener Kieselstein Wellen erzeugt, die die gesamte Oberfläche verändern, können auch Handlungen und Energie die Welt und das Universum beeinflussen. Sie können die Realität unsichtbarer Kräfte verändern. In der Praxis zeigt sich dies im Geist der Zusammenarbeit, der gemeinsamen Verantwortung und der Einheit. Aus spiritueller Sicht unterstützt es die Vorstellung eines göttlichen Bewusstseins oder einer göttlichen Energie, die alles verbindet. Es bestärkt den Glauben, dass das Universum aus organisierten und miteinander verbundenen Energien besteht – sichtbaren wie unsichtbaren.

Bewusstsein und Energie:

Aus physiologischer Sicht Aus unserer Perspektive betrachtet, funktioniert unser Gehirn mit Energie. Es wurde schon oft mit einem Computer verglichen. Dies ist vielleicht eines der eindrucksvollsten Beispiele für die Macht der Energie – dass sie miteinander interagieren und die Kraft biologischer Materie mit elektrischen Impulsen verbinden kann. Doch ist Bewusstsein mehr als nur eine Mischung aus Fleisch, Elektrizität und Wasser? Es gibt kein neues Wasser auf der Erde, und neuere Studien haben bewiesen, dass

Wasser tatsächlich ein Gedächtnis besitzt. (Die Geschichte des Gedächtnisses des Wassers, Yolene Thomas, 2007 [6]) Wenn dies stimmt, würde die Kombination aus Fleisch, Energie und Wasser darauf hindeuten, dass wir alle uralte Weisheit in uns tragen, die wir nutzen können. Jahrhundertelang glaubte man, Bewusstsein entstehe ausschließlich im Gehirn. Doch laut einer siebenjährigen Studie eines Konsortiums internationaler Experten, die im April 2025 veröffentlicht wurde (The Allen Institute [7]), „Steht das Bewusstsein im Zentrum der menschlichen Existenz … es ist hochgradig vernetzt und einheitlich; und solange es einheitlich bleibt, wird es bewusst wahrgenommen werden." Oder ist es das Gegenteil? Anderen zufolge entsteht das Bewusstsein im Körper. („Feeling & Knowing: Making Minds Conscious" von Antonio Damasio [8]) Aus spiritueller Sicht glauben viele, dass das Gehirn den Geist beherbergt und über die Zirbeldrüse (mancherorts auch als „drittes Auge" bekannt) als Verbindung zur Seele oder zum „höheren Selbst" dient, die als treibende Kraft fungiert. Möglicherweise treffen alle drei Ansichten bis zu einem gewissen Grad zu. Wenn Energie in allen Dingen vorhanden und miteinander verbunden ist, könnte das Bewusstsein aus all diesen Quellen entspringen. Einige Erklärungen dieses Konzepts gehen davon aus, dass unser Bewusstsein die Gestaltung unserer Realität beeinflusst, indem es unsere Schwingungsfrequenz und unsere Gesundheit – sowohl emotional als auch körperlich – prägt. Einfacher ausgedrückt: Wir haben das Potenzial, das zu manifestieren, woran wir glauben.

All diese Aspekte deuten auf das Konzept hin, dass alle Dinge ihren Ursprung in intelligentem Design haben, oder wie es in dieser Arbeit genannt wird – *in Universelle Intelligenz* .

Kapitel 3 – Wir Sind Alle Gleich

In der Natur basiert alles Leben auf denselben grundlegenden Voraussetzungen: Energie, Materie und dem Instinkt zu überleben, sich weiterzuentwickeln und Beziehungen einzugehen. Artenübergreifend folgen die biologischen Prozesse der Geburt, der Zellregeneration und der Lebenszyklen gemeinsamen Prinzipien – geleitet von dem, was die Wissenschaft oft als Naturgesetz bezeichnet und was wir als *universelle Intelligenz verstehen* .

Jeder lebende Organismus beginnt als einzelne Zelle – ob Baum, Vogel, Wal oder Mensch. Diese Zelle teilt sich, organisiert sich und entwickelt sich anhand interner Anweisungen, die in der DNA, einem allen Lebewesen auf der Erde gemeinsamen Molekül, kodiert sind. Tatsächlich teilen Menschen etwa 99 % ihres genetischen Materials mit jedem anderen Menschen auf dem Planeten und etwa 98,8 % mit Schimpansen. Selbst Pflanzen und Pilze weisen große Ähnlichkeiten in ihrer biochemischen Zusammensetzung mit dem Menschen auf – ein Beweis für das vernetzte Gefüge des Lebens, das unseren Planeten prägt (National Human Genome Research Institute, 2022) .

Die Natur beweist im Kern Gerechtigkeit. Bäume im Wald verweigern ihren Nachbarn kein Licht. Durch Mykorrhiza-Netzwerke im Untergrund teilen ältere Bäume Nährstoffe mit jüngeren oder geschwächten – ein Verhalten, das in Studien zu Waldökosystemen wiederholt beobachtet wurde (Simard, 1997) . Wölfe im Rudel schützen die Schwachen. Bienen bestäuben ungehindert und ermöglichen so das Überleben von Pflanzen, die sie selbst nie fressen werden. Leben erhält Leben.

Diese grundlegende Gleichheit wurzelt in *der universellen Intelligenz* . Jedes Wesen, ob klein oder groß, trägt den Funken des Bewusstseins, den Sinn des Lebens und die Fähigkeit zur Weiterentwicklung in sich. Doch trotz allem hat die menschliche Gesellschaft Schichten hinzugefügt, die dieses natürliche Gleichgewicht stören.

Wenn Gleichheit von der Welt geprägt wird

Vom Moment der Geburt an prägen äußere Umstände die Erfahrungen eines Menschen – Geburtsort, Sprache, Wohlstand, Sicherheit, Bildungssystem, Glaubenssysteme. Diese Faktoren können Türen öffnen oder Barrieren errichten. Sie können Schutz bieten oder Kampf erfordern. Ein Kind, das in einem kriegszerstörten Land geboren wird, hat einen anderen Lebensweg als eines, das in einem friedlichen Vorort zur Welt kommt. Ein Kind, das von liebevollen Bezugspersonen aufgezogen wird, erlebt seine Entwicklung anders als eines, das Trauma oder Vernachlässigung erlebt hat.

Diese Ungleichheiten prägen die Ergebnisse. Sie verändern aber *nicht* das Wesen des Einzelnen. Privilegien und Unterdrückung sind soziale Konstrukte – keine spirituellen Wahrheiten. Gerechtigkeit kann von Systemen verweigert werden, aber Gleichheit kann auf der Ebene der Seele nicht ausgelöscht werden.

Die Geschichte liefert unzählige Beispiele von Menschen, die die Umstände ihrer Geburt überwunden haben – ein Beweis dafür, dass die innere Kraft, der von *universeller*

Intelligenz geleitete Wille , unberührt bleibt. Man bedenke:

- **Frederick Douglass** , der in die Sklaverei hineingeboren wurde, stieg zu einem Staatsmann, Philosophen und Abolitionisten auf, dessen Worte noch heute universelle Kraft besitzen.
- **Helen Keller** , die blind und taub geboren wurde, wurde zu einer weltbekannten Rednerin und Aktivistin, die das öffentliche Verständnis von Behinderung und Potenzial neu prägte.
- **Malala Yousafzai** , die im ländlichen Pakistan unter der Bedrohung der Taliban geboren wurde, wurde durch ihren unerschütterlichen Glauben an Bildung für alle zur Friedensnobelpreisträgerin.

Diese Geschichten erzählen nicht nur von menschlichen Triumphen. Sie sind Ausdruck der in uns allen schlummernden inneren Gleichheit – eines Funkens, der, wenn er genährt wird, zu tiefgreifender Veränderung führt. Ihre Lebensumstände waren äußerst unterschiedlich. Ihr Zugang zu Privilegien variierte. Doch die Intelligenz in ihnen – die Quelle – war dieselbe.

Die unveränderliche Natur der *universellen Intelligenz*

Universelle Intelligenz wird weder durch Reichtum, Hautfarbe, Bildung noch Geschlecht beeinflusst. Sie ist nicht hierarchisch gegliedert oder nach Verdienst verteilt. Sie ist von Natur aus universell und in jedem Lebewesen gleichermaßen vorhanden. Sie bevorzugt weder ein Volk, eine Nation noch eine Abstammung. Sie durchdringt uns alle.

Dies ist die Grundlage **wahrer Gleichheit** – nicht eine Gleichheit der Erfahrung, sondern eine Gleichheit des Ursprungs. Während die Gesellschaft den Wert am Status misst, misst das Universum ihn am Wesen.

Wenn wir die uns von der Welt eingetrichterten Vorstellungen ablegen – wenn wir die Illusionen von Trennung, Vergleich und Konkurrenz auflösen –, beginnen wir, einander klar zu sehen. Wir erkennen die Energie in den Augen unseres Nächsten als dieselbe, die auch in uns wohnt. Wir verstehen, dass die Förderung des Wachstums anderer auch unser eigenes Wachstum nährt. Und in diesem Raum gegenseitiger Anerkennung wird Transformation möglich – nicht nur für Einzelne, sondern für Gemeinschaften und das Kollektiv.

Zurück zur Gemeinschaft, zurück zum Ursprung

In einer Welt, die auf Spaltung ausgelegt ist, ist es ein revolutionärer Akt, zusammenzukommen.
Wenn wir zur Gemeinschaft zurückkehren – nicht als Struktur, sondern als Seinszustand –, kehren wir zu einer heiligen Wahrheit zurück: Wir sind eins. Wir sind gleichberechtigt. Wir sind verbunden. In dieser Verbindung finden wir nicht nur Trost, sondern auch Kraft. Denn wir sind nicht dazu bestimmt, diesen Weg allein zu gehen. Wir sind dazu geschaffen, einander zu stärken, zu unterstützen und zu führen – nicht im Wettbewerb, sondern in Zusammenarbeit.

Und dies reicht über das Leben, wie wir es kennen, hinaus. Die von *der Universellen Intelligenz gewirkte Gleichheit* endet nicht an der Schwelle des Todes. Die Reise geht weiter. Dieselbe Kraft, die Geburt und Evolution hier lenkt, führt uns auch über diese Dimension hinaus.

Wenn wir uns dessen bewusst sind – wenn wir danach leben –, schaffen wir Raum nicht nur für persönliche Erleuchtung, sondern auch für ein kollektives Erwachen. Denn in den Augen des Universums, im Lichte der *universellen Intelligenz* , sind wir alle gleich. Und wenn wir aus dieser Wahrheit heraus leben, werden wir zur Brücke zu einer mitfühlenderen, erwachten Welt

Kapitel 4 – Wir Sind Alle Miteinander Verbunden

Nichts auf dieser Welt existiert isoliert. Alles auf diesem Planeten und im Universum ist in ein Netz von Verbindungen eingebunden. Dies geht weit über das hinaus, was die meisten von uns unter Verbindungen verstehen. In unserer heutigen Gesellschaft beziehen sich diese auf Arbeit, Privatleben, Familie, Klasse, Nation, Staat und internationale Beziehungen. Doch als Prinzip der *Universelle Intelligenz* reicht es weit darüber hinaus.

Stammen wir alle vom selben Ursprung? Wenn die Urknalltheorie stimmt, legt sie nahe, dass alles im Universum, einschließlich der Menschen, aus einer einzigen Masse entstanden ist. Dies bestärkt die Vorstellung, dass alles denselben Ursprung hat.

Im Bereich der Quantenverschränkung implizieren die Mechanismen, dass das Universum auf subatomarer Ebene vernetzt und miteinander verbunden ist. Die vollständige gegenseitige Abhängigkeit jedes Moleküls ist komplex – verschiebt sich eines, beeinflusst die Position aller anderen. Diese Regel gilt unabhängig von der Entfernung. Ein bekanntes Beispiel hierfür ist ein Grundprinzip der Chaostheorie: Der Flügelschlag eines Schmetterlings kann einen Sturm auf der anderen Seite der Welt auslösen. Dieses Konzept wurde ursprünglich vom Meteorologen Edward Lorenz untersucht, als er entdeckte, dass geringfügige Änderungen der Anfangsbedingungen weitreichende und unterschiedliche Langzeitfolgen haben können. Er nutzte die Schmetterlingsmetapher, um dies zu veranschaulichen. Wenn dies zutrifft, kann eine scheinbar kleine Handlung erhebliche Auswirkungen auf andere Dinge haben.

Auf kognitiver Ebene geht es um die Verbindung von Gedanken und Bewusstsein – was, wer, wie, wann und warum sind die zentralen Fragen, die den meisten Gedanken und Fragen in unserem Leben zugrunde liegen. Jeder von uns kann andere durch sein Handeln und seine Worte beeinflussen. Ein gutes Beispiel dafür ist der Ausdruck: „Ich kriege es nicht aus dem Kopf." In diesem Zusammenhang spielen Verbindungen eine enorme Rolle für unseren emotionalen Zustand und unser Denken und Handeln. Unser Gehirn ist auf Assoziation ausgelegt. Die darin enthaltenen Neuronen fördern Empathie und Verständnis. Mentale Wellenlängen synchronisieren sich im Gespräch, was bestätigt, dass wir gemeinsam besser funktionieren als allein.

Aus einer eher spirituellen oder romantischen Perspektive betrachtet, mag die Idee einer spirituellen oder seelischen Verbindung aufkommen – einer Verbindung, die über eine typische Beziehung hinausgeht. Sie kann ein intensives, tiefes und scheinbar unzerbrechliches Band schaffen.

Möglicherweise ist dies der Grund, warum sich manche Menschen bei ihrer ersten Begegnung sofort zueinander hingezogen fühlen, ein Gefühl von Vertrautheit und Geborgenheit verspüren, das Gefühl, einander schon einmal gekannt zu haben, und eine tiefere Bedeutung hinter der Verbindung vermuten. Wie manche sagen würden: „Sie fühlen sich wie zu Hause.“ Einige glauben sogar an die Existenz einer Zwillingsflammenverbindung. In diesem Fall geht man davon aus, dass zwei Menschen aus einer einzigen Seele und einem gemeinsamen Bewusstsein entstanden sind. Obwohl wir hier nicht über die Existenz einer solchen Verbindung urteilen wollen, könnte sie die starke Verbundenheit erklären, von der manche berichten und die in einigen Fällen sogar die Fähigkeit zur telepathischen Kommunikation behaupten.

Unabhängig von der Art der Beziehung ist es wichtig zu bedenken, dass Interaktionen mit anderen nicht nur den Einzelnen prägen, sondern auch Gemeinschaften – lokal wie global – beeinflussen. Indem wir unsere gemeinsame Menschlichkeit anerkennen, können wir Mitgefühl und Empathie fördern und die Idee bestärken, dass wir gemeinsam Erfolg und Misserfolg erleben.

Aus universeller Perspektive betrachtet, wenn alles aus Energie besteht, gibt es keinen wirklichen Anfang und kein Ende, sondern nur den Übergang von einem Zustand zum nächsten. Ein bekanntes religiöses Zitat untermauert diese Ansicht: „Asche zu Asche, Staub zu Staub." Es symbolisiert die Vorstellung, dass wir alle vom selben Ursprung stammen und zu ihm zurückkehren. Viele etablierte Religionen bekennen sich ebenfalls zur Nichtdualität und betonen, dass Unterschiede zwischen Individuen und dem Universum Illusionen sind. Dies bestärkt wiederum die Vorstellung, dass wir alle Teil eines größeren Ganzen sind, dass wir alle denselben Ursprung haben und zu ihm zurückkehren. Dies knüpft an die Idee an, dass wir Teil eines größeren Plans sind, der von einer *Universelle Intelligenz geschaffen wurde* .

Biologisch gesehen werden Lebewesen geboren und sterben, doch da Energie weder erzeugt noch vernichtet werden kann, wandelt sie lediglich ihre Form um. Auch wenn ein biologischer Körper also aufhört zu existieren, fließt die darin enthaltene Energie weiter in eine andere Form, denn Energieumwandlung impliziert einen ständigen Fluss, der alles miteinander verbindet. Weitergedacht bedeutet dies, dass wir alle nicht nur isolierte Individuen sind, sondern vielmehr untrennbare und integrale Bestandteile eines komplexen Netzwerks.

Aus humanistischer Sicht wäre es vorteilhafter und verantwortungsvoller, wenn wir das Gefühl der Zusammengehörigkeit und der gemeinsamen Verantwortung – nicht nur für andere Menschen, sondern für alles Leben auf diesem Planeten – stärker fördern würden. Es liegt nicht nur in unserer Macht, so zu handeln, sondern es ist auch unsere Pflicht. Dies wäre eine ethisch überzeugendere Überlegung, denn indem wir alles als symbiotisch miteinander verbunden betrachten, können wir gemeinsam unsere Situation verbessern – sowohl für die Gegenwart als auch für zukünftige Generationen.

All diese Beispiele dienen als Erinnerung daran, dass unsere Existenz und die Existenz aller Dinge miteinander verflochten sind – ein weiteres verstärkendes Prinzip, das darauf hindeutet, dass es sich um ein Ergebnis *Universelle Intelligenz handelt.*

Kapitel 5 – Wir Alle Haben Zugang zur Göttlichen Weisheit

Unter dem Lärm ist eine Stimme zu hören.

Ein Wissen hinter den Gedanken.

Eine Weisheit, älter als die Sprache und lauter als Worte – wenn wir nur still genug werden, um sie zu hören.

Dies ist göttliche Weisheit.

Sie ist nicht Heiligen oder Weisen vorbehalten. Sie ist nicht in heiligen Schriften verborgen oder nur Auserwählten zuteilgeworden. Sie wird nicht durch Opfer erworben oder durch Perfektion herbeigerufen. Sie ist uns angeboren. Sie existiert in jedem Lebewesen als Funke *Universeller Intelligenz* – zugänglich, lebendig und unendlich.Und doch, in einer Welt, die sich von Tag zu Tag schneller dreht, ist es auch leicht, das zu vergessen.

Der Mythos der externen Autorität

Von Geburt an wird uns beigebracht, die Wahrheit außerhalb von uns selbst zu suchen. Eltern, Lehrer, Institutionen, Medien, Daten, Doktrinen – das sind die Quellen, denen wir vertrauen sollen. Die Welt lehrt uns, zu glauben, dass Wissen in den Händen anderer liegt. Die Antworten müssen in Systemen, Experten oder Traditionen gefunden werden, die älter sind als wir.

Doch *die Universelle Intelligenz* spricht eine andere Sprache.

Es lehrt uns, dass das Heilige nicht im Außen liegt, sondern im Inneren. Dass göttliche Weisheit nichts ist, was wir erwerben, sondern etwas, das wir erinnern. Und dass das Erinnern in der Stille beginnt.
Die moderne Neurowissenschaft bestätigt nun, was spirituelle Traditionen seit Jahrtausenden lehren. Im Jahr 2011 zeigten Forscher der Yale University und des Massachusetts General Hospital mithilfe von fMRT - Scans, dass Meditation das Ruhezustandsnetzwerk beruhigt – jenen Teil des Gehirns, der für Sorgen, Grübeleien und Selbstbezogenheit zuständig ist – und gleichzeitig Bahnen aktiviert, die mit Einsicht, Mitgefühl und Reflexion verbunden sind. In der Stille schaltet das Gehirn nicht ab – es erwacht.
Und in diesem Erwachen tritt etwas Tieferes zutage.

Göttliche Weisheit offenbart sich nicht in Stichpunkten oder Formeln. Sie entspringt dem inneren Quell des Bewusstseins – durch Empfindungen, Visionen, Intuition, Synchronizität und manchmal auch durch Tränen. Sie kommt nicht mit Gewissheit, sondern mit Resonanz.
Man weiß es nicht, weil es bewiesen ist, sondern weil es sich an einem Ort wahr anfühlt, den die Logik nicht erreichen kann.

Es gibt keine verschlossenen Türen.

Zwischen dir und dieser Weisheit stehen keine Barrieren – nur Illusionen.

Jeder mit offenem Herzen und neugierigem Geist kann das Göttliche erfahren. Es gibt keine Voraussetzungen. Keine Einweihungen. Keine intellektuellen Qualifikationen sind erforderlich. Das Tor öffnet sich, wenn du dein Ego loslässt, das Bedürfnis nach Anerkennung aufgibst und dich etwas Größerem hingibst als deinem eigenen Interesse.

Göttliche Weisheit ist keine Währung; sie lässt sich weder horten noch handeln. Sie ist ein Geschenk – eines, das fließt, wenn man nicht um eine Belohnung bittet, sondern um Klarheit. Wenn man gibt, ohne etwas zu erwarten. Wenn man sucht, ohne zu fordern. Wenn man bedingungslos liebt.

Dann erst kommt die Weisheit. Nicht immer im Donner oder in der Prophezeiung – sondern oft in den stillsten Augenblicken:

Die Stille zwischen den Gedanken.

Die Stille vor der Morgendämmerung.

Der Moment, in dem ein Kind lacht.

In dem Moment, in dem du vergibst.

In diesen heiligen Pausen spricht *die Universelle Intelligenz* . Und die Worte sind für jeden anders.

Der Pfad ist nicht linear

Jede Seele geht ihren eigenen Weg. Was das Göttliche dem einen offenbart, kann sich radikal von dem unterscheiden, was es dem anderen offenbart – und genau darin liegt seine Schönheit.

Es gibt kein spirituelles Navigationssystem. Keine Checkliste für das Erreichen des Ziels. Göttliche Weisheit hält sich nicht an Zeitpläne oder abgestufte Leistungsstufen. Sie entfaltet sich auf der Grundlage von Bereitschaft, Resonanz und Willen.

Es mag dem einen durch die Kunst zuteilwerden, dem anderen durch Trauer. Dem einen durch die Heilige Schrift, dem anderen durch die Stille. Für manche ist es ein Durchbruch. Für andere eine langsame, lebenslange Entwicklung.

Diese Vielfalt ist kein Zeichen von Verwirrung, sondern von Vertrautheit. Das Göttliche kennt dich – und es spricht deine Sprache.
Wer sein Erwachen mit dem eines anderen vergleicht, verpasst das Wunder des eigenen. Jeder Weg ist heilig. Jedes Tempo ist richtig.

Das Echo des Kollektivs

Obwohl göttliche Weisheit ihren Ursprung im Inneren hat, entfaltet sie sich durch andere.

Wenn erwachte Wesen zusammenkommen – sei es im Gespräch, im Gebet, in der Musik, in der Stille oder bei gemeinsamer Arbeit – entsteht eine Resonanz. Wie Instrumente, die aufeinander abgestimmt sind, verstärken wir die Schwingung der Weisheit ineinander. Erkenntnisse, die wir allein nicht gewinnen können, treten oft zutage, wenn wir im Kreis sitzen, unsere

Wahrheiten teilen und Raum für die Wahrheiten anderer schaffen.

Deshalb ist Gemeinschaft so wichtig für diesen Weg. Nicht als Ersatz für innere Erkenntnis, sondern als Spiegel, als Vergrößerungsglas. In der Gemeinschaft wird das Göttliche auf neue Weise erfahrbar.

Doch wir leben in einer Welt voller Lärm. Unsere Zeit wird von Scrollen, Reagieren, Konkurrenzdenken und Leistungsdruck in Anspruch genommen. Unsere Aufmerksamkeit ist zersplittert. Unser heiliges Bewusstsein wird durch Lärm getrübt.

Wir hören selten zu. Und deshalb hören wir auch selten.

Doch wenn wir die Stille wiederfinden – wenn wir sie wie heiligen Boden schützen –, beginnen wir uns zu erinnern. Nicht nur, wer wir sind, sondern auch, was wir in uns tragen.

Das Göttliche wartet.

Es gibt eine Geschichte der Wüstenväter, frühchristlicher Mystiker, die sich im dritten Jahrhundert in die Stille zurückzogen. Ein junger Mönch fragt seinen Älteren: „Was muss ich tun, um Gott zu erkennen?" Der Ältere antwortet: „Setz dich in deine Zelle, und deine Zelle wird dich alles lehren."

Die Weisheit lag nicht in der Wüste oder in den Worten des Ältesten. Sie lag in der Stille, die der Mönch geschaffen hatte.

Diese Stille wohnt auch in dir.

also nach Antworten suchen, hören Sie auf.

Wenn du dich überfordert fühlst, bleibe ruhig.

Wenn du unsicher bist, atme tief durch.

Die Weisheit ist bereits vorhanden.

Du bist nicht davon getrennt.

Du bist nicht im Rückstand.

Du bist nicht kaputt.

Sie werden lediglich dazu aufgefordert, sich zu erinnern.

Kapitel 6 – Wir Alle Können Manifestieren

Zunächst mag man sich fragen: Was genau bedeutet Manifestation? Manche tun sie als „magisches Denken" ab, als bloßen Unsinn, dass Hoffnungen und Träume Einfluss auf das Leben haben – schließlich lässt sich das wissenschaftlich nicht belegen. Wir hingegen glauben, dass es kein Zauberspruch ist, sondern eine Praxis, genauer gesagt eine Denkweise, die mit dem Gesetz der Anziehung verbunden ist. Es basiert auf einem Prinzip *Universeller Intelligenz* und ist eine gezielte Übung, bei der man Glauben, Absicht, Handeln und vor allem eine positive Einstellung nutzt, um positive Ergebnisse im Leben anzuziehen und zu verwirklichen. Um zu manifestieren, kann man damit beginnen, seine Wünsche zu präzisieren, an deren Erreichbarkeit zu glauben und dann gezielt Schritte zu unternehmen, um diese zu verwirklichen.

Zu den grundlegenden Methoden für eine effektive Manifestation gehören:

1. **Affirmationen und Überzeugungen** : Feste und überzeugende Überzeugungen und Affirmationen hinsichtlich unserer Wünsche und Ziele sind der Schlüssel zu positiven Ergebnissen. Wenn wir daran glauben, dass Gutes in unserem Leben geschehen wird, strahlen wir positive Energie aus, die Gutes anzieht. Das Wiederholen positiver Affirmationen ist eine weitere Methode, unsere Überzeugungen zu

stärken. Wenn wir Vertrauen in positive Ergebnisse entwickeln, kommunizieren und handeln wir auch optimistisch und schaffen so ein Umfeld und Bedingungen, unter denen Gutes geschehen und uns erreichen kann.

2. **Meditation** : Seit Jahrhunderten ist Meditation für ihre tiefgreifenden positiven Wirkungen bekannt, und die moderne Wissenschaft bestätigt dies. Studien zeigen, dass regelmäßige Praxis Angst und Stress reduzieren, das Gedächtnis und die Konzentration schärfen und den Schlaf verbessern kann. Indem wir inneren Frieden finden , schaffen wir Raum für mehr Selbstbewusstsein – und unterstützen so die Verwirklichung unserer tiefsten Wünsche und Ziele.

3. **Zielsetzung** : Es ist entscheidend, klare Ziele und Wünsche zu formulieren. Das Universum scheint die Angewohnheit zu haben, Wünsche zu erfüllen. Es heißt: „Wer nicht fragt, der nicht gewinnt." Wenn wir also nicht um etwas bitten, wie können wir dann erwarten, es zu erhalten? Indem wir unsere gewünschten Ergebnisse visualisieren und sogar aufschreiben, unterstützen wir unsere Energie, unsere Wünsche wahr werden zu lassen. Die Vorstellung unserer erreichten Ziele, die Erstellung von Vision Boards (visuelle Darstellungen unserer Wünsche und Ziele) dienen als tägliche Erinnerung, und das Führen eines Tagebuchs stärkt das Selbstvertrauen und hält uns auf dem Weg zum Erfolg.

Zielstrebigkeit wurzelt in unseren Wünschen. Doch wenn wir diese Wünsche nicht aufschreiben oder Vision Boards erstellen, um uns selbst zu kontrollieren, verlieren wir leicht die Orientierung und lassen uns von negativen Selbstgesprächen leiten. Mentale Zielstrebigkeit ist ein Anfang, aber echter Fortschritt zeigt sich erst, wenn wir unsere Wünsche in die Tat umsetzen.

4. **Handeln** : Sich etwas nur zu wünschen, reicht nicht aus. Manifestation erfordert mehr als passives Verlangen. Man muss sich Ziele setzen und aktiv Schritte unternehmen, um sie zu erreichen. Es gibt viele Möglichkeiten, aktiv zu werden – sei es durch das Erlernen neuer Fähigkeiten, um die Ziele zu verwirklichen, durch den Ausbau des Netzwerks oder, vielleicht am wichtigsten, durch Lebensstiländerungen, die mit den Zielen übereinstimmen oder zu deren Erreichung beitragen. Das kann bedeuten, alte Gewohnheiten abzulegen, die einem nicht mehr dienlich sind (Süchte, Grübeleien usw.), und gesündere Beziehungen zu Menschen aufzubauen, die die eigenen Wünsche und Ziele besser teilen. Entschlossenheit, Fleiß und Beharrlichkeit sind die Grundlage für Manifestation. Wie Pablo Picasso sagte: „Handeln ist der Schlüssel zum Erfolg."

5. **Achten Sie auf Zeichen** : Das Universum sendet uns oft Zeichen, und manchmal bemerkt man Synchronizitäten. Diese deuten meist darauf hin, dass

sich Ihre Wünsche erfüllen oder dass das Universum Sie in eine andere Richtung lenkt. Manche glauben an die Kraft der Zahlen, auch bekannt als „Engelszahlen“. Vielleicht schauen Sie genau im Moment auf Ihr Handy, wenn es 11:11 Uhr ist, oder Sie tanken gerade und der Preis am Zapfsäulenzähler beträgt 55,55 €. Manchmal denken Sie an eine bestimmte Person und plötzlich hören Sie von ihr, oder im Radio läuft ein Lied, das zu Ihren Gedanken passt. Das ist das Universum – die *Universelle Intelligenz* –, das Sie daran erinnert, dass Sie im Fluss sind, auf dem richtigen Weg sind und Sie ermutigt, weiterzumachen.

6. **Dankbarkeit annehmen** : Wenn wir Dankbarkeit in unseren Alltag integrieren, richten wir unseren Fokus auf die positiven Aspekte unseres Lebens. Indem wir das, was wir haben, wertschätzen, signalisieren wir dem Universum, dass wir bereit sind, mehr Fülle zu empfangen. Durch Dankbarkeit erzeugen wir nicht nur mehr positive Energie, sondern erhöhen auch unsere Schwingungsfrequenz und stärken neuronale Verbindungen in unserem Gehirn – wir „vernetzen“ unser Gehirn quasi neu. Mit erhöhter Energie und Schwingungsfrequenz entwickeln wir eine positivere Einstellung zu allen Herausforderungen des Lebens. Und mit Akzeptanz und Ausdauer wird sich Fülle mit Sicherheit manifestieren.

7. **Genieße den Weg** : Indem wir Freude empfinden und die Erfahrungen in unserem Leben wirklich

wertschätzen, stärken wir unsere Fähigkeit, Herausforderungen und Widerstände zu überwinden. Hindernisse und Rückschläge gehören zum Leben dazu. Doch wenn wir ihnen mit Zuversicht begegnen und positiv bleiben, finden wir leichter Lösungen. Randy Pausch in seiner berühmten „Letzten Vorlesung“, [12] sagte: „Die Mauern aus Ziegelsteinen sind nicht da, um uns auszuschließen, sondern um zu zeigen, wie sehr wir etwas wollen.“ Es heißt: „Es gibt keine Probleme im Leben, nur Situationen.“ Indem wir diese Denkweise annehmen, verändern wir unsere Denkmuster von problemorientiert zu lösungsorientiert.

Vor allem vertraue dem Prozess; arbeite weiter an dir selbst, um Selbstvertrauen zu gewinnen, neue Gewohnheiten zu entwickeln und eine positive Einstellung zu bewahren. Wie das Gesetz der Anziehung zeigt, erzeugt eine positive Einstellung positive Energie und Schwingungen, die Gutes in dein Leben ziehen. All diese Methoden bestärken die Vorstellung, dass ~~die~~ *Universelle Intelligenz* unsere Realität mitgestaltet und uns das Selbstvertrauen und die Fähigkeit zur Selbstverwirklichung schenkt, sodass wir gemeinsam mit dem Universum erschaffen können.

Kapitel 7 – Die Brücke Zwischen Versprechen und Praxis

Auf jeder Reise gibt es einen Moment, in dem die Karte zum Weg wird, die Theorie zur Wahrheit und die Wahrheit zum Leben. In dem der Traum zur Tat wird. In dem die Vision deines Herzens den Rhythmus deines Lebens einfängt.

Du hast die Worte gelesen. Du hast die Prinzipien verinnerlicht. Du hast die Resonanz tief in dir gespürt. Nun kommt der nächste Schritt: Verkörperung.

Dieses Kapitel markiert diesen Moment. Bis jetzt haben wir die Prinzipien der *Universellen Intelligenz erforscht* – die heiligen Versprechen, die diese Intelligenz jeder lebenden Seele bietet:

- Wir alle sind Energie.
- Wir sind alle gleich.
- Wir sind alle miteinander verbunden.
- Wir alle haben Zugang zur göttlichen Weisheit.
- Wir alle haben die Fähigkeit zu manifestieren

Dies sind nicht bloß Ideen. Es sind Gesetze – nicht menschlicher, sondern kosmischer Natur. Sie bilden das unsichtbare Gefüge, das alles zusammenhält, von den Planetenbahnen bis zum Herzschlag. Sie sind die Wahrheit unter allen Wahrheiten. Sie sind in unser Innerstes eingeschrieben – Versprechen, die uns von der Quelle zugeflüstert wurden, welche die Sterne formte und unsere Seele befruchtete. Und sie stehen jeder Seele zur Verfügung – unveränderlich, unbestreitbar und absolut. Doch Versprechen allein verändern uns nicht. Erst die tägliche Umsetzung dieser Versprechen prägt unsere Erfahrung.

Wenn die Prinzipien der Bauplan sind, dann sind die Elemente die Werkzeuge, mit denen du dein Leben gestaltest. Ohne die Elemente bleiben die Prinzipien fern – abstrakte Ideale statt gelebter Realität. Um vom Wissen zum Leben zu gelangen, müssen wir die Elemente in uns erwecken.

Dieses Kapitel markiert Ihren Wendepunkt – vom Wissen zum Werden.

Eine Metapher: Der Same und der Boden

Betrachten Sie die *Universelle Intelligenz* als einen Samen, der in jedem Menschen angelegt ist.

Die Prinzipien sind der genetische Bauplan dieses Samens – unveränderliche Wahrheiten, die das Potenzial für Leben, Schönheit und Transformation in sich bergen.

Doch es sind die Elemente – Sonnenlicht, Wasser und die Erde der Seele –, die bestimmen, wie dieser Same wächst. Die Elemente sind deine täglichen spirituellen Gewohnheiten, deine natürlichen emotionalen Instinkte und deine intuitiven Gaben. Sie sind der Weg, auf dem sich das Göttliche durch deine Menschlichkeit ausdrückt.

Wo die Prinzipien universell sind, die Elemente sind persönlich.

Wo die Prinzipien kosmische Versprechen darstellen, sind die Elemente Ihr einzigartiger Weg, diese Versprechen zu erfüllen.

Das eine ohne das andere lässt dich unvollständig zurück. Zu wissen, dass du verbunden bist, aber dich weigerst, Mitgefühl zu entwickeln, ist wie einen Samen in der Hand zu halten und ihn nie zu gießen. An göttliche Weisheit zu glauben, aber die Intuition zu ignorieren, ist wie diesen Samen in trockene Erde zu pflanzen.

Der Samen ist echt.

Aber erst die Pflege erweckt es zum Leben.

Die Elemente: Göttliche Funktion in menschlicher Gestalt

Die Elemente Sie sind die Mechanismen, durch die *die universelle Intelligenz* in dir wirkt. Es handelt sich nicht um äußere Praktiken, die du beherrschen musst – es sind innere Werkzeuge, die du bereits in dir trägst. Sie mögen zeitweise ruhen, aber sie sind immer vorhanden.

Die sechs Elemente In den folgenden Kapiteln werden wir folgende Themen untersuchen:

1. Wahrnehmung – Die Linse, durch die Sie die Realität interpretieren.
2. Wille – Der Motor, der deine Entscheidungen antreibt.
3. Vernunft – Die Brücke zwischen Denken und Verstehen.

4. Fantasie – Das Tor zu unzähligen Möglichkeiten.
5. Gedächtnis – Die Architektur des Lernens und der Identität.
6. Intuition – Die Sprache der Seele, die die Wahrheit ausspricht.

Dies sind mehr als nur geistige Fähigkeiten. Sie sind heilige Instrumente – Spiegelbilder der *universellen Intelligenz,* die durch Ihren Geist, Ihren Körper und Ihr Leben wirken.
Jedes dieser Elemente hat die Fähigkeit, zu erheben oder zu verwirren, zu befreien oder zu verstricken. Doch wenn sie bewusst eingesetzt werden, bilden sie die Verbindung zu deinem Göttlichen.

Die stille Kraft der Elemente

Während die Prinzipien kosmische Konstanten darstellen, sind die Elemente zutiefst persönliche Wege. Sie sind keine starren Formeln, sondern flexible Frequenzen, die einzigartig für deinen Lebensweg sind. Man kann sie nicht „beherrschen“, sondern sie werden erforscht, verfeinert und im Laufe der Zeit gelebt.

Es sind die Gewohnheiten erwachter Seelen – nicht nur spirituelle Praktiken, sondern zutiefst menschliche Erfahrungen, die uns daran erinnern, dass das Heilige nicht vom Alltäglichen getrennt ist. Es ist in ihm enthalten.

Die Elemente sind der Weg, wie wir das Göttliche verstoffwechseln.

- Durch Wahrnehmung erkennen wir das Göttliche im Alltäglichen.
- Dank des Willens bleiben wir auch dann noch da, wenn alles unmöglich erscheint.
- Durch Vernunft entwirren wir den Lärm und finden zur Klarheit zurück.
- Durch unsere Vorstellungskraft träumen wir von einer schöneren Zukunft – und machen sie Wirklichkeit.
- Durch die Erinnerung schöpfen wir Weisheit aus unseren Wunden.
- Durch die Intuition vernehmen wir das Flüstern dessen, was als Nächstes kommt.

Das sind keine Luxusgüter. Das sind eure Werkzeuge, um zu werden, wer ihr seid.

Warum das jetzt wichtig ist

In einer Welt, die Lärm, Geschwindigkeit und Trennung verfallen ist, ist die Erinnerung an diese Elemente ein radikaler Akt. Man hat uns beigebracht, sie zu ignorieren, sie zu betäuben, sie anzuzweifeln. Man hat uns eingeredet, Produktivität über Präsenz, Logik über Wissen und Information über Weisheit zu stellen.

Doch die Welt hungert nach Ganzheit. Nach Integration. Nach Tiefe.

Und das beginnt hier – mit der Erinnerung daran, dass die Werkzeuge zum Erwachen bereits in dir sind.

Sie benötigen keine weiteren Zugangsdaten. Sie benötigen keine Berechtigung. Sie müssen das Problem nicht selbst beheben.

Du brauchst nur zu dem zurückzukehren, was schon immer dein war.

Und wenn du das tust – wenn du anfängst, die Elemente zu leben, nicht nur darüber zu lesen –, dann wandelst du dich vom Suchenden zum Gefäß.

Du wirst zur Brücke.

Vom Versprechen zur Umsetzung.

Vom Wissen zum Erkennen.

Vom Konzept zur Realisierung.

Von der Erkenntnis zur Integration.

Die Prinzipien zu verstehen ist wie das Lesen heiliger Schriften.

Leben im Angesicht der Elemente ist, als würde man sein eigenes Buch schreiben.

Dieser nächste Abschnitt deiner Reise lädt dich ein, von der Reflexion zur Integration überzugehen. Es geht nicht um Perfektion, sondern um Bewusstsein. Es geht darum, deine göttliche Bestimmung zu ehren, indem du jeden Tag bewusst und im Einklang mit dir selbst lebst.

Du musst nicht jemand anderes werden.

Du musst dich nur daran erinnern, wer du bereits bist.

Sie werden nicht aufgefordert, sie zu beherrschen, sondern ihnen zu begegnen.

Um zu erkennen, wo sie bereits in dir lebendig sind.

Ihnen mit Neugier und Liebe zu begegnen.

Jedes Element ist ein Tor. Jedes einzelne ist ein Schlüssel.

Zusammen erschließen sie Ihnen die ganze Fülle Ihrer Menschlichkeit – und Ihrer Göttlichkeit.

Tief durchatmen.

Sie betreten kein Klassenzimmer.

Du nimmst selbst teil.

Wenn du die kommenden Kapitel aufschlägst, nimm dir Zeit für jedes Element. Reflektiere darüber, wie es sich in deinem Leben zeigt. Beobachte, wie es sich verändert, wenn du es achtest. Höre auf seine Stimme. Und vor allem: Erlaube ihm, dich tiefer mit dem Samen der *universellen Intelligenz zu verbinden* , der in deiner Seele angelegt ist.

Denn wenn dieser Same wächst – durch Liebe, Präsenz und Übung – geschieht etwas Außergewöhnliches:

Du trägst nicht nur göttliche Weisheit in dir.

Du wirst es.

Kapitel 8 – Wahrnehmung

Das **Oxford Dictionary** definiert Wahrnehmung wie folgt:

- Die Fähigkeit, etwas durch die Sinne zu sehen, zu hören oder wahrzunehmen.
- Der Zustand oder Prozess des Bewusstwerdens von etwas durch die Sinne.
- Eine Art und Weise, etwas zu betrachten, zu verstehen oder zu interpretieren; ein mentaler Eindruck.
- Intuitives Verständnis und Einsicht.

Wahrnehmung ist der Empfänger, der uns den Weg eröffnet, die Welt und alles, was das Universum in unserer menschlichen Gestalt zu bieten hat, vollständig zu erfahren. Da Wahrnehmung als Element *Universeller Intelligenz gilt* , folgen hier einige der relevantesten Beobachtungen:

1. Sensorische Wahrnehmung : Unsere natürlichen Sinne führen dazu, dass wir uns auf die fünf allgemein bekannten Sinne (Hören, Sehen, Riechen, Schmecken und Tasten) verlassen, die offiziell als Exterozeption bezeichnet werden – also Empfindungen, die von außerhalb des Körpers kommen. Dann gibt es die Propriozeption, die Empfindungen über unsere Körperposition und -bewegung. Und schließlich gibt es die Interozeption, die Empfindungen, die von innen kommen, wie zum Beispiel den Herzschlag. Darüber hinaus gibt es für diejenigen, die mit ihrem höheren Selbst in Verbindung stehen, Empfindungen, die durch Intuition und telepathische Kommunikation geleitet werden können. Sensorische Wahrnehmung und Verarbeitung sind die Art und Weise, wie der Geist beurteilt, wie die Umgebung auf den Körper wirkt. Bei den äußeren Sinnen könnte dies der Duft einer Blume, der Geschmack einer Orange oder das Rauschen des Windes in den Bäumen sein. Wie wirkt sich das auf unseren Körper aus, und wie reagieren wir auf solche Reize?

Indem der Körper jede einzelne Sinnesempfindung ordnet und unterscheidet, ermöglicht er ihm, effektiv auf seine Umgebung zu reagieren. Sehen wir eine Gefahr, meiden wir sie. Hören wir ein ungewohntes Geräusch, werden wir aufmerksam. Riechen wir etwas Verlockendes, zieht es uns an. Spüren wir etwas Scharfes, weichen wir zurück.

Bei der Propriozeption helfen uns die inneren Empfindungen in unserem Körper bei der Bewegung und ermöglichen es uns, Handlungen, Orte und Bewegungen wahrzunehmen. Zu den Systemen, die mit dieser Wahrnehmungsart verbunden sind, gehören Gelenke, Bänder, Muskeln und Knochen. Dies trägt zu dem bei, was man als unseren „sechsten Sinn" bezeichnen könnte und der mit sensiblen Reizen wie Gleichgewicht, Schmerz, Lage und Temperatur zusammenhängt.

Interozeption bezeichnet die Wahrnehmung innerer Körperfunktionen. Manche laufen bewusst ab, andere unbewusst, doch alle diese Funktionen sind das Ergebnis der engen Verbindung zwischen Körper und Gehirn. Atmung, Herzfrequenz, Hunger und Durst sind Paradebeispiele für diese Wechselwirkung.

Die Komplexität dieser verschiedenen Netzwerke und Systeme, diese vielfältigen und großartigen Sinnesfähigkeiten liefern den Beweis, dass sie das Ergebnis einer von einer höheren Macht orchestrierten, übergeordneten Architektur sind. Sie sind eine weitere Bestätigung der Existenz *universeller Intelligenz* .

2. Kognitive Prozesse , auch mentale Prozesse genannt, sind die aktiven Vorgänge im Gehirn, durch die wir Sinnesdaten dynamisch interpretieren und organisieren, um bedeutungsvolle Erfahrungen zu ermöglichen. Dazu gehören Aktivitäten wie Aufmerksamkeit, Emotionen, Lernen, Gedächtnis, Wahrnehmung, Problemlösung und logisches Denken.

Diese Prozesse beeinflussen unser tägliches Funktionieren, unsere Entwicklung und unser Lernen, unsere psychische Gesundheit und sogar unseren Alterungsprozess. Studien zeigen, dass diese Fähigkeiten mit verschiedenen Hirnregionen verknüpft sind. Anstatt dass Funktionen von einer einzigen Region ausgehen, agiert das Gehirn über ein komplexes neuronales Netzwerk in Verbindung mit mehreren Regionen. Professor Adrian Owen von Creyos Health formuliert es so: „Jede kognitive Funktion wird nicht von einem separaten Hirnareal repräsentiert. Vielmehr arbeiten

Hirnregionen auf äußerst komplexe und sich überschneidende Weise zusammen, um diese kognitiven Prozesse hervorzubringen."

Im Wesentlichen bilden diese Prozesse die Grundlage für unser Handeln, Denken und unsere Interaktionen in der Welt. Die immense Komplexität dieser Systeme und ihre Fähigkeiten weisen erneut auf einen übergeordneten Plan hin, der von einer *Universellen Intelligenz vorgegeben wird* .

3. **Subjektivität** : Was wir wahrnehmen, ist Subjektivität ist auf individueller Ebene. Jeder von uns kann dieselben Reize anders wahrnehmen und interpretieren als andere. Dies wird von unserer individuellen Perspektive, unseren Erwartungen und/oder Erfahrungen beeinflusst. Subjektivität hängt somit von unserem Denken, unseren Erfahrungen und unserer Umwelt ab. Ein gutes Beispiel dafür ist das Gleichnis von den blinden Männern und dem Elefanten. Eine Gruppe blinder Männer begegnet zum ersten Mal einem Elefanten. Jeder berührt einen anderen Körperteil des Tieres – Ohr, Bein, Seite, Schwanz und Rüssel. Aufgrund ihrer begrenzten Erfahrung entwickelt jeder eine andere Vorstellung von dem Tier. Die Geschichte zeigt, dass die Sichtweise eines Individuums völlig anders sein kann als die eines anderen – selbst bei ähnlichen Reizen. Hat der eine Recht und der andere Unrecht? Um diese Frage zu beantworten, wird sie zum Gegenstand philosophischer Diskussionen.

Disziplinen wie die Mathematik gelten oft als Inbegriff der Objektivität – klare Regeln, Formeln und Ergebnisse, die insbesondere in ihren grundlegendsten Formen unbestreitbar erscheinen. Doch je höher die Abstraktionsebene der Mathematik reicht, desto mehr ähnelt sie der Philosophie, in der Subjektivität und Interpretation das Verständnis von Wahrheiten prägen können. Platon argumentierte, dass Bereiche wie die Geometrie nicht bloß praktische Systeme, sondern Tore zur idealistischen Philosophie seien, die auf universelle, vom Individuum unabhängige Wahrheiten hinweisen. In diesem Sinne lässt sich die Mathematik als ein Spektrum verstehen – objektiv in ihren Grundlagen, aber metaphysisch in ihren höheren Ausdrucksformen.

Dieses Ideal und die Werke vieler anderer Philosophen stützen die Vorstellung, dass Gedanken und Perspektiven ihren Ursprung im Individuum haben. Möglicherweise erklärt dies die Vielzahl an Religionen weltweit, da manche Menschen Überzeugungen als Wahrheit ansehen, die andere ablehnen. Subjektivität beruht daher auf persönlicher Wahrnehmung, unabhängig von Beweisen oder objektiven Kriterien. Ob journalistisch, politisch, religiös oder wissenschaftlich – Subjektivität ermöglicht es jedem, sich zu individualisieren und eigene Schlüsse aus Handlungen, Ereignissen und Gedanken in seiner Welt zu ziehen.

Subjektivität untermauert die Vorstellung, dass wir nicht nur ein Kollektiv, ein Schwarm von Drohnen ohne individuelle Identität sind, sondern dass jeder von uns ein eigenständiges und einzigartiges Wesen ist, dem die Fähigkeit verliehen wurde, eine exklusive Perspektive zu teilen. Wenn die Welt ein Malbuch ist, dann erhält jeder Mensch seine eigenen, einzigartigen Farben, um die Welt zum Wohle der gesamten Gesellschaft zu gestalten. Dies knüpft an die Vorstellung an, dass wir durch intelligentes Design so erschaffen wurden, dass wir auf diese Weise funktionieren. Jeder kann zu seiner Wahrheit stehen und sie teilen, um das Bewusstsein des Kollektivs zu erweitern. Dies ist ein weiteres großartiges Beispiel für die Kraft und das Potenzial der *Universellen Intelligenz* .

4. **Sinngebung** : Die Wahrnehmung hat zum Ziel, Objekte zu erkennen, unsere Umwelt zu definieren, Beziehungen zu verstehen und angemessen auf unsere Motivationen zu reagieren. Jeder von uns besitzt das Potenzial, Lebensereignisse zu verarbeiten, um unsere Existenz und unsere Rolle darin zu verstehen. Dieser Begriff scheint Ende der 1970er Jahre vom Psychologen Robert Kegan geprägt worden zu sein. Wie er schrieb: „Der Mensch ist Sinnstifter.“ Anders ausgedrückt: Wir haben die Fähigkeit, unserer Existenz Sinn zu verleihen, sie zu gestalten und Veränderungen umzusetzen, um unser Leben zu bereichern. Unsere Erfahrungen und Einflüsse ermöglichen es uns, unser Verhalten anzupassen und die Veränderungen in unserem Leben zu meistern.

Im Wesentlichen besitzen wir die Fähigkeit, im Angesicht von Herausforderungen in unserem Leben widerstandsfähig zu sein. Eine solche Strategie kann sich positiv auf verschiedene Lebensbereiche auswirken: Mitgefühl für andere entwickeln, familiäre

Bindungen stärken, Lebensstiländerungen anstoßen, unserem Leben mehr Wert verleihen, Trauer überwinden und vieles mehr. Unterstützung des spirituellen Wachstums.

Sinn kann das Wasser sein, das unsere persönlichen „Gärten“ nährt, die Form, die es zu gestalten gilt, die Dunkelheit, die es in Licht zu verwandeln gilt, und das Mittel, um ein stärkeres Fundament zu errichten. Er ist ein weiteres Beispiel, ein weiteres Beispiel für die leitende, unterstützende und grenzenlose Kraft, die sich im Konstrukt der *Universellen Intelligenz offenbart* .

Kapitel 9 – Will

Das **Oxford Dictionary** definiert Will wie folgt:

- Die Fähigkeit, mit der ein Mensch Entscheidungen trifft und Handlungen einleitet.
- Kontrolle ist die bewusst ausgeübte Kontrolle, um etwas zu tun oder die eigenen Impulse zu zügeln.
- Ein starker Wunsch oder eine feste Entschlossenheit.
- Die Fähigkeit zu wählen oder zu entscheiden; die mentale Kontrolle über die eigenen Handlungen oder Emotionen.

Im Kern ist der Wille ebenso einfach wie tiefgründig. Er ist die Energie, die Entscheidungen antreibt. Er ist die stille Kraft hinter jeder unserer Handlungen. Er ist die Brücke zwischen Gedanke und Bewegung, zwischen Absicht und Ergebnis. Und in Bezug auf die *Universelle Intelligenz* ist der Wille der heilige innere Motor, der allen Lebewesen geschenkt wurde und es uns ermöglicht, mit dem Universum selbst zu wirken.

1. Der innere Motor des menschlichen Potenzials

Wille ist mehr als nur Entschlossenheit. Er ist Lebenskraft. Er ist der Impuls des Lebens, der uns vorwärts treibt – selbst gegen alle Widerstände. Er ist es, der uns morgens aus dem Bett treibt. Er ist es, der uns antreibt, weiterzumachen, wenn die Vernunft uns zum Aufgeben rät. Er ist es, der unsere Träume beflügelt, unsere Lasten trägt und uns der Wahrheit näherbringt, selbst wenn der Weg unklar ist.

Aus neurologischer Sicht lässt sich der Wille lose mit dem präfrontalen Kortex in Verbindung bringen, jenem Teil des Gehirns, der für Planung, Zielsetzung und Entscheidungsfindung zuständig ist. Er zählt zu den komplexesten und differenziertesten Funktionen des menschlichen Gehirns. Dennoch kann die Wissenschaft noch immer nicht vollständig erklären, was unsere tiefsten Antriebe mobilisiert – was jemanden dazu bringt, sein Leben für einen anderen zu riskieren, trotz aussichtsloser Lage zu überleben oder einer Vision nachzujagen, die nur er selbst erkennen kann. Dies sind keine rein logischen Entscheidungen. Es sind Akte des Willens – Zeugnisse einer tiefer liegenden Ursache.

Der Wille ist das aktive Prinzip der *Universellen Intelligenz* . Wo die Seele durch Intuition und Wahrnehmung Führung empfängt, nimmt der Wille diese Führung auf und setzt sie in die Tat um. Er ist nicht reaktiv, sondern generativ. Er ist die Kraft zu sagen: „Ich wähle.“

2. Gestaltung vs. Regie: Der Tanz des freien Willens

Eine der zeitlosesten Debatten in Philosophie und Theologie lautet: Ist unser Leben vorherbestimmt oder besitzen wir tatsächlich einen freien Willen?

Universal Intelligence hat enthüllt, dass es sich nicht um eine Entweder-oder-Entscheidung handelt.

Vielmehr ist es eine Beziehung zwischen Design und Richtung.

So wie ein Baum dem Sonnenlicht entgegenstrebt, sind auch wir Menschen mit Sinn, Fähigkeiten und Möglichkeiten ausgestattet. *Die Universelle Intelligenz* hat für jeden von uns den Rahmen – den heiligen Bauplan – geschaffen. Doch dieser Bauplan ist kein Käfig. Wie der Baum, der sich einem neuen Lichtstrahl entgegenstreckt, können auch wir unser Wachstum selbst bestimmen.

Will ist der Weg, den wir im Designprozess beschreiten. Man gab dir ein Schiff. Man setzte dich in einen Fluss. Doch ob du dich mit der Strömung treiben lässt oder die Ruder ergreifst – das ist deine Entscheidung.

In der heutigen Welt lassen sich viele treiben. Wir werden mit so vielen Informationen, Lärm und Ablenkungen bombardiert, dass es leichtfällt, in Passivität zu verfallen – die Welt für uns entscheiden zu lassen, was wichtig ist, wer wir sind und wohin wir gehen. Das ist kein Charakterfehler, sondern ein Verlust der Verbindung. Ein Vergessen.

Doch *die Universelle Intelligenz* zieht die Einladung niemals zurück.

Jeden Moment kannst du die Ruder wieder aufnehmen. Du kannst zum göttlichen Plan zurückkehren. Du kannst dich mit dem Kompass deiner Seele verbinden und entscheiden, nicht nur zu existieren, sondern zu leben.

3. Heilige Grenzen und ausgerichtete Wünsche

Es ist wichtig zu erkennen, dass der Wille keine unendliche Macht besitzt. Man kann sich nicht durch Willenskraft zu etwas machen, das völlig außerhalb der eigenen Bestimmung liegt. Ein Mensch, der mit der Seele eines Dichters geboren wurde, wird vielleicht kein Astrophysiker, genauso wenig wie ein Baum zum Schwimmen geschaffen ist. Doch das schmälert weder seine Kraft noch seine Bestimmung.

Die Rolle von Will besteht nicht darin, Ihren Entwurf außer Kraft zu setzen – sondern darin, ihn zu aktivieren.

Es erfordert Zuhören. Unterscheidungsvermögen. Ausrichtung. Wille, allein vom Ego getrieben, wird gewaltsam, destruktiv oder wahnhaft. Doch verbunden mit Demut, Selbstwahrnehmung und spiritueller Verbundenheit, entfaltet er seine Schönheit. Er wird zu gelebter Zielstrebigkeit.

Du bist zu nichts bestimmt.

Du bist dazu bestimmt, du selbst zu werden.

4. Der Beweis des Unmöglichen

In allen Kulturen gibt es Geschichten von Willenskräften, die der Logik trotzen:

- Eine Mutter hebt ein Auto an, um ihr Kind zu retten.
- Ein Krebspatient, der die medizinischen Erwartungen übertroffen hat.

- Ein Wanderer, der sich verirrt hat und tagelang ohne Essen und Trinken umherirrt, um Hilfe zu finden.
- Eine Künstlerin, die trotz Armut, Verlust und Ablehnung kreativ tätig ist.

Das sind keine Anomalien. Sie sind Mahnungen. Dass selbst in einer Welt der Vernunft und Wahrscheinlichkeit der Wille Raum für das Wunderbare schafft.

Die Biologie allein kann jene Ausdauer und Entschlossenheit nicht erklären, die Zivilisationen hervorgebracht, Geschichte neu geschrieben oder tiefgreifende Traumata überwunden haben. Da wirkt noch etwas anderes, etwas Heiliges. Etwas Intelligentes.

Und dieses Etwas lebt in dir.

5. Das Wunder des Willens in allen Lebewesen

Der Wille ist nicht ausschließlich dem Menschen vorbehalten. Er findet sich in allem Leben.

Was bewegt ein Reh dazu, seine Geburtsinsel zu verlassen und zu unbekannten Ufern zu schwimmen – nur um von einem Orca gerissen zu werden? Was treibt einen Lachs trotz aller Widrigkeiten flussaufwärts zurück nach Hause? Warum blüht eine Blume durch Beton hindurch?

Es gibt keine Überlebensgarantie. Keine garantierte Belohnung. Und doch... das Leben schreitet unaufhaltsam voran.

Auch das ist Will.

Und es spiegelt die Gegenwart *Universeller Intelligenz* wider, die in allen Lebewesen wirkt. Ein stets präsenter Drang nach Wachstum, nach Erkenntnis, nach Weiterentwicklung. Manchmal irrational. Manchmal verhängnisvoll. Aber immer lebendig.

6. Der Wille als spirituelle Praxis

Im eigenen Leben ist Wille nicht nur ein Moment der Entschlossenheit, sondern eine Übung. Eine Kultivierung. Eine tägliche Neuentscheidung der Ausrichtung auf die Wahrheit.

Der Wille ist es, der dich in der Trauer am Leben erhält.
Der Wille ist es, der dir hilft, noch einmal aufzustehen.
Der Wille ist es, der flüstert: „Versuch es noch einmal“, wenn die Welt sagt: „Gib auf.“
Wille ist nicht Perfektion, sondern Teilnahme.

Es verlangt von dir nur eines: dass du erscheinst.

Ob in Stille oder in Bewegung. Ob in Klarheit oder Verwirrung. Sei einfach da. Denn jedes Mal, wenn du da bist, erinnerst du das Universum daran, dass du nicht schläfst, sondern wach bist. Du bist hier. Du triffst die Wahl.

Und in dem Moment, in dem Sie sich entscheiden, bewegt sich die universelle Intelligenz mit Ihnen.

Abschließende Betrachtung

Der Wille ist nicht das Ziel. Er ist nicht einmal der Weg.
Es ist der Fußabdruck.
Die Entscheidung zum Umzug.
Das heilige Ja.

Du bist nicht machtlos. Das warst du nie.

Der göttliche Plan wartet.
Die Strömung ist unterhalb von dir.
Die Ruder liegen in deinen Händen.

Wähle zum Rudern.

Kapitel 10 – Vernunft

- Durch den Gebrauch der Vernunft entdecken, formulieren oder folgern .
- Durch Vernunft überzeugen oder beeinflussen.
- Um etwas mit Gründen zu rechtfertigen oder zu untermauern.

Im Kontext der *Universellen Intelligenz* kann die Vernunft wie folgt Anwendung finden:

1. Für viele ist dies die Essenz der Logik in ihrer höchsten Form – die stille Stärke, in den Stürmen des Lebens klar, standhaft und pragmatisch zu bleiben. Es ist die Disziplin des Geistes, nach Wahrheit zu suchen, selbst wenn Emotionen drohen, die Wahrnehmung zu trüben. Es ist die Gabe der *Universellen Intelligenz,* die uns daran erinnert, dass Vernunft ein Anker sein kann, der uns inmitten des Chaos Halt gibt.

2. Unter anderen Umständen kann es als Entschuldigung oder Rechtfertigung für eine Handlung oder Entscheidung dienen. In diesem Fall ist es die Begründung für eine bestimmte Handlung oder ein bestimmtes Gefühl – „Ich habe die Milch verschüttet, weil ich ungeschickt bin.“ oder „Ich habe meine Hausaufgaben nicht abgegeben, weil mein Hund sie gefressen hat.“ Es ist der Akt, etwas als richtig, angemessen oder gültig darzustellen

oder zu bekräftigen. Es kann das Argument sein, das unsere Überzeugungen stützt – die treibende Kraft, die unsere Handlungen als kohärent, angemessen und begründet rechtfertigt.

3. In anderen Anwendungsfällen oder Situationen kann es als Grundlage oder Ursache eines Ereignisses gelten. „Es war der Grund für den Unfall.“ In diesem Fall dient es als Erklärung für eine Reihe unserer Beobachtungen. In diesem Kontext ist es die Ursache eines physikalischen oder mechanischen Ereignisses. Es ermöglicht uns, Schlussfolgerungen zu ziehen – es kann im Rahmen unserer Untersuchungen die Fragen nach dem „Was“, dem „Warum“, dem „Wie“ und dem „Wann“ beantworten.

Angewendet auf das Konzept der *universellen Intelligenz* , kann die Vernunft als der praktischste Weg in die Zukunft verstanden werden. Ein gutes Beispiel dafür wäre: „Seien wir vernünftig.“ Sie ist die Grundlage für Intelligenz, geistige Gesundheit und bewusstes Denken . Sie ist die Quelle für die Anwendung von Logik und systematischem Denken bei der Analyse von Konzepten, der Auseinandersetzung mit Argumenten und der Beantwortung grundlegender Fragen, die unsere Existenz, unsere Werte des menschlichen Daseins und die Welt im Allgemeinen betreffen. Wie Immanuel Kant sagte: „Nichts ist göttlich, außer was der Vernunft zusagt.“ Thomas von Aquin ging noch einen Schritt weiter, indem er folgerte, dass das Naturrecht durch die menschliche Vernunft Teilhabe an Gottes ewigem Gesetz ist. Er sagte: „Das Licht der Vernunft ist jedem Menschen von Natur aus gegeben, um ihn im Handeln zu leiten.“ So wirkt die Vernunft wie der Kitt, der die Menschheit angesichts des Chaos zusammenhält. Sie ist das Band, das die *universelle Intelligenz knüpft* , um angesichts des Unbekannten Gewissheit zu gewährleisten.

Vernunft eignet sich für alle Jahreszeiten.

Es ist die Methode inmitten des Wahnsinns.

Es ist die Ruhe inmitten des Sturms.

Es ist die Garantie in Zeiten der Ungewissheit.

Kapitel 11 – Vorstellungskraft

Und dann ist da noch die Vorstellungskraft, die Fähigkeit, Konzepte, Ideen und Bilder zu erschaffen. Laut **Oxford Dictionary** lässt sich Vorstellungskraft wie folgt definieren:

- Die Fähigkeit oder Handlung, neue Ideen, Bilder oder Konzepte von äußeren Objekten zu bilden, die den Sinnen nicht zugänglich sind .
- Die Fähigkeit des Geistes, kreativ oder einfallsreich zu sein.
- Der Teil des Geistes, der sich Dinge vorstellt.

Die Vorstellungskraft, als ein Element der *Universellen Intelligenz* , kann in unserem Leben durch folgende Konzepte Anwendung finden:

1. In ihrer reinsten Form ist die Vorstellungskraft die Grundlage von Kreativität und Innovation. Sie ist der Ursprung neuer Ideen, Erfindungen und künstlerischen Ausdrucks. Albert Einstein brachte es wohl am besten auf den Punkt: „Vorstellungskraft ist wichtiger als Wissen. Denn Wissen ist begrenzt, wohingegen die Vorstellungskraft die ganze Welt umfasst, den Fortschritt anregt und die Evolution hervorbringt." Sie ist der Funke, der das Feuer entfacht, der Rohstoff, aus dem neue Ideen, Innovationen und Meinungen entspringen. Sie ist die Antwort auf die noch nicht erfasste Leere. Sie

ist die Fähigkeit, über das noch Unerforschte hinauszugehen.

2. Sie ist auch ein wichtiges Werkzeug zur Problemlösung – sie ermöglicht es uns, Möglichkeiten zu erkunden, Szenarien zu simulieren und Wege zur Bewältigung von Herausforderungen zu entwickeln. Sie verdeutlicht Möglichkeiten, Herausforderungen und noch unbeantwortete Fragen. Wie Malcolm Forbes sagte: „Es ist viel einfacher, Lösungen vorzuschlagen, wenn man nicht viel über das Problem weiß." Die Vorstellungskraft gibt uns die Mittel an die Hand, um angesichts scheinbar aussichtsloser Lage neue Antworten oder Lösungsansätze zu finden. Sie ist die neue Perspektive auf eine alte Frage, die bessere Lösung für ein Hindernis, das bereits als überwunden galt. Sie ist die Grundlage für Innovation – sie auf die nächste Stufe zu heben, den Mut zu haben, ohne Zögern Neuland zu betreten.

Die Vorstellungskraft, wie wir sie gemeinhin nennen, ist nicht auf das menschliche Bewusstsein beschränkt – sie ist ein Funke, der in allen Lebewesen schlummert. Beim Menschen manifestiert sie sich im „Was wäre wenn"-Mechanismus: der Kraft, die Fragen stellt, Grenzen verschiebt und Türen zu neuem Verständnis öffnet. In anderen Lebensformen zeigt sie sich als adaptive Kreativität – Pflanzen, die sich auf neuartige Weise dem Licht zuwenden, Tiere, die neue Überlebensstrategien entwickeln, Ökosysteme, die sich neu organisieren, um das Gleichgewicht zu bewahren. Wie auch immer sie sich äußert, die Vorstellungskraft ist der erste Schritt zu Evolution, Fortschritt und Neudefinition.

Vom Bau eines Vogelnestes bis zum Aufbau großer Städte – die Vorstellungskraft treibt die Welt voran. Sie ist das Licht, das Wege erhellt, die noch nicht existieren. Und sie erinnert uns einmal mehr an eine weitere mächtige Gabe der *Universellen Intelligenz,* die den Horizont und die Wege der Menschheit erweitert.

Fantasie ist das Geheimnis der Soße.

Sie ist die Stimme in der Stille.

Es ist der Samen, der den Garten nährt.

Es ist der Schlüssel, die Türen zu neuen Möglichkeiten zu öffnen.

Sie ist die Brücke, die Ideen mit ihrer Verwirklichung verbindet.

Es ist der grenzenlose Ozean, in dem man seine Tiefen erforschen kann.

Wage es zu träumen, wage es, *dir etwas vorzustellen* .

Kapitel 12 – Gedächtnis

Das **Oxford Dictionary** definiert Gedächtnis wie folgt:

- Die Fähigkeit des Geistes, Informationen zu speichern und abzurufen.
- Die Fähigkeit oder der Prozess, Gelerntes und Behaltenes wiederzugeben oder abzurufen.
- Eine Erinnerung aus der Vergangenheit.
- Die Fähigkeit eines Materials, Geräts oder Organismus, Informationen zu speichern und zu behalten.

Erinnerung ist mehr als bloßes Erinnern. Sie ist das Fundament.

Es ist das Gerüst des Selbst – das Archiv der Erfahrung, das es einem ermöglicht zu lernen, sich anzupassen, Beziehungen einzugehen und sich weiterzuentwickeln.

So erkennst du, wer du bist, woher du kommst und was wirklich zählt.

Als Teil *Universeller Intelligenz* ist Erinnerung kein passiver Speicher, sondern eine heilige Funktion. Sie verbindet Vergangenheit und Gegenwart und verleiht der Identität Kontinuität. Und im Einklang mit dem Bewusstsein wird sie zu einem tiefgreifenden spirituellen Werkzeug für Wachstum und Transformation.

1. Programmierung: Der Input von Erfahrung

Vom Moment deiner Geburt an beginnen Körper und Geist, Eindrücke aufzuzeichnen: Bilder, Geräusche, Empfindungen, Geschichten. Diese Erfahrungen werden gefiltert, kodiert und je nach deiner Entwicklung, deinem Umfeld und deinen Glaubenssystemen interpretiert.

Die Neurowissenschaft lehrt uns, dass neue Informationen neuronale Verbindungen im Gehirn bilden – Verbindungen, die sich im Laufe der Zeit durch Wiederholung und emotionale Intensität verstärken. Diese Verbindungen wirken wie Spuren im Gehirn und prägen nicht nur unsere Erinnerung an die Vergangenheit, sondern auch unsere Interpretation der Gegenwart. Anders ausgedrückt: Unser Gedächtnis beeinflusst unsere Realität.

Doch selbst dieser wissenschaftliche Prozess ist nicht exakt. Zwei Menschen können denselben Moment erleben und ihn völlig unterschiedlich erinnern – etwas, das Traumatherapeuten, spirituellen Lehrern und sogar Polizisten seit Langem bekannt ist. In unzähligen Kriminalfällen erinnern sich Augenzeugen an völlig unterschiedliche Versionen desselben Ereignisses. Details verändern sich. Gesichter verschwimmen. Emotionen füllen die Lücken.

Das ist kein Scheitern. Es ist eine Erinnerung:

Der Arbeitsspeicher ist keine Festplatte.

Es ist ein lebendiger, atmender Filter – formbar, subjektiv und menschlich.

Und das macht es so wirkungsvoll.

Denn wenn das Gedächtnis die Realität formen kann, dann kann das bewusste Gedächtnis auch das Schicksal formen.

2. Lagerung: Das lebendige Archiv

Die Informationen, die Sie – bewusst oder unbewusst – aufnehmen, werden in Ihrem gesamten Körper und Gehirn gespeichert. Nicht nur im Hippocampus oder Cortex, sondern auch im Nervensystem, in den Muskeln und sogar im Energiefeld. Die moderne Wissenschaft bestätigt nun, was alte Weisheitstraditionen schon immer wussten: Der Körper vergisst nicht. Gespeicherte Emotionen, unverarbeitete Traumata und generationenübergreifender Schmerz sind allesamt Teil Ihres lebendigen Archivs.

Erinnerung ist nicht nur das, was man denkt – sie ist das, was man in sich trägt.

Deshalb erfordert Heilung mehr als bloßes Nachdenken.

Deshalb ist spirituelle Praxis unerlässlich.

Deshalb ist die Rückkehr zur *universellen Intelligenz* nicht nur eine intellektuelle Übung – sie ist eine ganzheitliche Neuausrichtung.

Je besser Sie Ihr Archiv kennen, desto mehr können Sie davon zurückgewinnen.

Nicht indem Sie Ihre Vergangenheit umschreiben, sondern indem Sie Ihre Beziehung dazu neu gestalten.

3. Abruf: Was wir uns erinnern und warum

Der Akt des Erinnerns ist nicht neutral. Er ist selektiv und wird von Emotionen, Fokus, Erwartungen und Überzeugungen beeinflusst. Man ruft das ab, wofür man bereit ist.
Doch die Gefahr liegt darin, anzunehmen, dass die eigene Erinnerung vollständig ist. Erinnerungen werden ebenso sehr von der Wahrnehmung wie von Fakten geprägt. Mit der Zeit verändern sich die Details einer Geschichte, dehnen sich aus oder verblassen. Was einst scharf war, wird weich. Was einst schmerzhaft war, wird kraftvoll. Oder umgekehrt.

Das ist kein Fehler. Es ist eine heilige Gnade.

Universelle Intelligenz ermöglicht es uns, uns anders zu erinnern, weil wir uns verändern.

Und während wir uns verändern, entwickelt sich auch unser Gedächtnis weiter – nicht um zu täuschen, sondern um zu dienen.

Dennoch ist es gerade diese Formbarkeit, die es so wichtig macht, die eigene Wahrheit im gegenwärtigen Moment zu verankern.

Werkzeuge wie Tagebuchschreiben, Visionboards und Reflexion sind keine Selbsthilfe-Gimmicks. Sie sind spirituelle Gefäße. Sie fangen Erinnerungen ein, solange sie frisch sind. Sie bewahren deine Klarheit, bevor der Lärm zurückkehrt. Sie werden zu Spiegeln, die dich daran erinnern, wer du warst, als dein Herz offen, deine Vision aufrichtig und dein Wissen rein war.

Und sie geben deinem zukünftigen Ich eine Verbindung, um mit deiner Wahrheit in Verbindung zu bleiben.

4. Die Subjektivität des Gedächtnisses

Man kann fünf Personen in einen Raum setzen, ein Ereignis beobachten und fünf verschiedene Berichte darüber erhalten. Manche werden sich widersprechen. Manche werden Details auslassen. Manche werden sich wie völlig unterschiedliche Realitäten anfühlen.

Lügt irgendjemand? Nicht unbedingt.

Denn Erinnerung ist etwas Persönliches. Sie wird durch die Linse deiner Vergangenheit, deiner Überzeugungen, deiner Traumata und deiner Hoffnungen betrachtet. Der Verstand füllt die Lücken. Das Herz prägt die Wahrnehmung. Und deine Seele sucht in all dem nach Sinn.

Deshalb kann das gemeinsame Gedächtnis – Familiengeschichten, Nationalgeschichte, kulturelle Mythen – sowohl verbindend als auch spaltend wirken. Was der eine als heilig empfindet, mag der andere als schmerzhaft in Erinnerung behalten. Nicht das Ereignis selbst definiert die Wahrheit, sondern das Bewusstsein hinter der Erinnerung.

Wenn wir der Erinnerung mit Demut begegnen, schaffen wir Raum für vielfältige Wahrheiten.

Wenn wir sie mit Ehrfurcht betrachten, erkennen wir, dass jede Erinnerung ein Fenster in die Seele ihres Betrachters ist.

Und wenn wir es mit Liebe betrachten, erlauben wir ihm, zu einem Werkzeug der Heilung zu werden – nicht nur für uns selbst, sondern für unser Kollektiv.

5. Erinnerung als Weg zum Frieden

So viele von uns werden von ihren Erinnerungen gequält – gefangen in einer Spirale aus Bedauern, Scham oder Nostalgie. Wir grübeln über das nach, was wir nicht ändern können. Wir wiederholen, was wir anders gemacht hätten. Wir lassen die Vergangenheit unsere Gegenwart bestimmen.

Aber dafür wurde der Speicher nicht entwickelt.

Das Gedächtnis soll kein Gefängnis sein. Es soll ein Lehrmeister sein.

Die Universelle Intelligenz gab dir das Gedächtnis nicht, um deinen Schmerz erneut zu durchleben, sondern um daraus zu lernen. Um dich weiterzuentwickeln. Um dich an das Wesentliche zu erinnern. Und um diese Erinnerung mit Würde, nicht mit Trauer, zu bewahren.

Und wenn du beginnst, deine Erinnerungen bewusst zu gestalten – wenn du Tagebuch schreibst, die Wahrheit aussprichst, deine Geschichte erzählst, deine Erzählung neu gestaltest –, dann eroberst du dein Leben zurück. Du bringst den Verstand dazu, dem Herzen zu dienen.

Du wirst zum Autor deines inneren Archivs.

Abschließende Reflexion

Das Gedächtnis ist eine Gabe der *Universellen Intelligenz* – sowohl persönlich als auch tiefgründig.

Es ist der Nährboden für Bedeutung, der Spiegel deines Werdens und das Echo der Reise deiner Seele.

Aber es ist noch nicht behoben. Es ist nicht fehlerfrei. Und es ist noch nicht endgültig.

Wie alle Elemente wird es heilig, wenn man es pflegt.

- Halten Sie fest, was wichtig ist.
- Reflektiere ehrlich.
- Erinnere dich mit Mitgefühl.
- Lass los, was dir nicht mehr dient.

Denn wenn du deine Erinnerung mit der Gegenwart in Einklang bringst, beruhigst du deinen unruhigen Geist.

Du verlässt den Überlebensmodus.

Und du kehrst zurück zur Realität.

Deine Vergangenheit definiert dich nicht.

Doch deine Erinnerung kann dich verfeinern.

Lass es.

Kapitel 13 – Intuition

Das **Oxford Dictionary** definiert Intuition wie folgt:

- Die Fähigkeit, etwas instinktiv zu verstehen, ohne bewusst darüber nachdenken zu müssen.
- Etwas, das man eher aufgrund eines instinktiven Gefühls als aufgrund bewussten Denkens weiß oder für wahrscheinlich hält.
- Unmittelbare Einsicht oder Erkenntnis, die kein offensichtliches rationales Denken erfordert.

Intuition mag auf den ersten Blick geheimnisvoll oder gar unzuverlässig erscheinen – insbesondere in einer Kultur, die Logik und Beweise so hochhält. Doch unter der Oberfläche des alltäglichen Denkens verbirgt sich eine tiefere Intelligenz. Eine Schwingung. Ein Kompass. Eine *Stimme ohne Worte* .

Das ist Intuition – die stille Kraft, die dich mit deinem höchsten Weg, der Wahrheit deiner Seele und der Führung der *Universellen Intelligenz in Einklang bringt* .

1. Die Häufigkeit des Wissens

Intuition ist kein Gefühl. Sie ist kein Impuls.
Sie ist **Klarheit ohne Kontext** . Ein Wissen, das über das Denken hinausgeht. Eine plötzliche, stille Übereinstimmung, die sagt: *„Das ist richtig"* oder *„Das ist falsch"* – selbst wenn man nicht erklären kann, warum.

Es ist der Anstoß, jemanden spontan anzurufen, nur um festzustellen, dass er Hilfe braucht.
Es ist die unmissverständliche Botschaft, eine Situation zu verlassen – oder in ihr zu bleiben –, obwohl die Logik etwas anderes nahelegt.

Es ist der Puls des Bewusstseins, der nicht aus Angst, sondern aus tiefem *inneren Frieden entspringt.*

Intuition wird nicht durch Panik ausgelöst, wie es bei Angstzuständen der Fall ist.

Wo Angst aus mentaler Unruhe und Zukunftsprojektionen entsteht, **entspringt Intuition der Stille** . Sie kommt nicht aus dem Verstand, sondern aus der Seele. Und je mehr du dich mit der universellen Intelligenz verbindest, desto deutlicher und verlässlicher wird sie.

2. Wenn aus dem Flüstern ein Brüllen wird

Für die meisten Menschen beginnt die Intuition mit einem Flüstern.

Es könnte dich dazu bewegen, Pläne zu ändern, einen bestimmten Weg zu meiden oder einen neuen einzuschlagen – scheinbar kleine Anpassungen, die sich später als lebensverändernd erweisen. Weltweit gibt es unzählige Geschichten von Menschen, die auf diese innere Stimme hörten und unwissentlich einer Tragödie entgingen.

- Ein Pendler in New York verpasste am 11. September seinen Zug, weil ihm irgendetwas sagte, er solle sich einen Kaffee holen.
- Eine Japanerin beschloss, nicht an Bord der Fähre zu gehen, die später vor der Küste Südkoreas sinken sollte.
- Im Jahr 2004 flohen einige Angehörige indigener Stämme der Andamanen ins Landesinnere, kurz bevor der Tsunami im Indischen Ozean eintraf. Sie spürten die Gefahr durch Veränderungen des Luftdrucks und des Verhaltens der Tiere – lange bevor moderne Warnsysteme Alarm schlugen.
- Im Juli 2025 tauchten Berichte über Belugawale auf, die vor einem Erdbeben an russischen Küsten angespült wurden – ein Hinweis auf ein intuitives biologisches Bewusstsein, das weit über menschliche Systeme hinausgeht.

Das sind keine Zufälle. Das sind Echos der *Universellen Intelligenz* – übermittelt durch das Element der Intuition.

Wenn die Intuition genährt wird, braucht sie nicht länger zu flüstern. **Sie wird zum Brüllen** . Sie wird zu deiner Lebensweise , zu deinem verlässlichen Wegweiser im Meer der Möglichkeiten.

Doch dieser Wandel geschieht nicht zufällig.

3. Die Disziplin der Stille

Intuition hören Offensichtlich muss man zuerst lernen, den Lärm zum Schweigen zu bringen.

Wir leben in einer Welt, die uns dazu erzieht, *das Stille zu bezweifeln* , *dem Unsichtbaren zu misstrauen* . Wir werden von Ablenkungen überflutet – Benachrichtigungen, Meinungen, Ängsten und der ständigen Reizüberflutung des modernen Lebens. In diesem Chaos kann das Signal der Intuition verzerrt werden, begraben unter dem Durcheinander des denkenden Verstandes.

Deshalb **ist Intuition eine Übungssache** .

Es braucht Zeit.
Stille. Nachdenken.

Es fordert dich auf, abzuschalten, zuzuhören und deinen Gefühlen zu vertrauen, selbst wenn sie dem widersprechen, was du siehst.

Praktiken wie Meditation, Naturerlebnisse, Gebet, Atemübungen und Tagebuchschreiben sind kein spiritueller Luxus, sondern Hilfsmittel zur inneren Ausrichtung. Sie helfen dir, zur natürlichen Frequenz deiner *Intuition zurückzufinden* , wo *die universelle Intelligenz* ungehindert sprechen kann.

4. Intuition in der Natur

Intuition ist kein Alleinstellungsmerkmal des Menschen – sie ist in das Gefüge allen Lebens eingewoben.

- Bäume verändern den Geschmack ihrer Blätter, um benachbarte Bäume vor herannahenden Fressfeinden zu warnen.
- Oktopusse können ihre Körper in Echtzeit aneinander anpassen und so Gefahren wahrnehmen, noch bevor sie sichtbar sind.
- Pflanzen, die durch Waldbrände bedroht sind, setzen Schutzstoffe frei und senden Stresssignale an die umliegende Vegetation.
- Vögel erheben sich kurz vor Stürmen in die Lüfte.
- Wale und Elefanten ändern ihre Wanderrouten aufgrund subtiler Veränderungen in den Erdschwingungen – lange bevor seismische Aktivitäten von unseren Instrumenten registriert werden.

Das sind keine rationalen Entscheidungen. Es sind *energetische Reaktionen* auf den Puls des Planeten.

Das ist Intuition in Aktion.

Wie bei allen Lebewesen gilt: **Je mehr wir uns auf unsere natürliche Intelligenz ausrichten, desto mehr werden wir geleitet – nicht von Angst, sondern von Wissen.**

5. Wenn *die Intuition* verzerrt wird

So wie uns *die Intuition* zur inneren Ausrichtung führen kann, kann sie auch verzerrt werden, wenn wir von ihr getrennt sind.

Wenn wir von Angst, Wut, Egoismus oder Trauma überwältigt werden, interpretieren wir Angst möglicherweise fälschlicherweise als Intuition.

Wir könnten persönliche Projektionen mit göttlichen Zeichen verwechseln.

Wir folgen vielleicht einer inneren Stimme, die sich sicher anhört, aber in Wirklichkeit ist sie nur die verstärkte Stimme alter Wunden.

So wird die Intuition **getrübt** – nicht weil sie verschwunden ist, sondern weil wir aufgehört haben, sie richtig zu schulen.

Beispiele für diese Verzerrung finden sich überall:

- Jemand fühlt sich aus Angst vor Intimität – nicht aus echter Übereinstimmung – dazu berufen, eine gute Beziehung zu beenden.
- Eine Person interpretiert ihr Unbehagen gegenüber einer neuen Idee als Warnung – dabei handelt es sich in Wirklichkeit nur um Unvertrautheit.
- Jemand trifft eine wichtige Lebensveränderung aufgrund eines Impulses, nicht aufgrund von

Einsicht – und gibt der Intuition die Schuld, wenn diese versagt.

Intuition muss durch die Elemente *herausgearbeitet werden* . Wenn die Wahrnehmung klar ist, wird der Wille gestärkt, die Vernunft im Gleichgewicht gehalten, die Vorstellungskraft aktiviert, das Gedächtnis ausgerichtet und **die Intuition unmissverständlich** .

Wenn die anderen Elemente ignoriert werden, kann Intuition zwar noch vorhanden sein – wir verlieren aber die Fähigkeit, sie richtig zu interpretieren.

6. Der Kompass der Seele

Letztendlich ist *Intuition* **Ihr innerer Kompass** .
Sie ist *die universelle Intelligenz* , die aus Ihrem Inneren zu Ihnen spricht.

Es streitet nicht.
Es rechtfertigt nichts. Es
weiß es einfach .

Es wird nicht nach Ihrer Aufmerksamkeit schreien, und Es wird dich niemals im Stich lassen.

Selbst wenn du es jahrelang ignoriert hast, wird es immer noch da sein und darauf warten, dass du ihm wieder zuhörst.

Und wenn du das tust – wenn du zur Stille zurückkehrst und den Lärm loslässt – wird deine Intuition bereit sein, dich weiterzuleiten. Nicht mit Gewalt, sondern mit **Gewissheit.**

Abschließende Reflexion

Intuition ist die lebendige Verbindung zwischen deinem Geist und dem Ursprung.
Sie ist der Beweis, dass du niemals allein bist. Sie ist die Sprache der Wahrheit und das Lied deines Werdens.

Wenn du es achtest, richtest du dich danach aus.
Wenn du daran zweifelst, driftest du ab. Wenn du es pflegst, entwickelst du dich weiter.
Lass dich davon leiten – nicht nur in Krisenzeiten, sondern auch bei alltäglichen Entscheidungen.
Lass es deine Beziehungen, deinen Weg, deine Träume prägen. Und wenn die Welt laut wird, kehre zur Stille zurück.

Denn das Flüstern ist immer da.
Und je mehr man hinhört, desto lauter wird es.

Kapitel 14 – Warum die Wissenschaft diese Universellen Phänomene Nicht Erklärt Hat

Es gibt eine Sprache, die älter ist als Laboratorien. Eine Weisheit, die tiefer geht als jede Hypothese.

Die Wissenschaft hat in ihrem Streben nach Beweisen oft die unsichtbare Architektur des Lebens – *die Universelle Intelligenz – übersehen* .

Dieses Kapitel führt Sie von alten Zivilisationen, die das Heilige verstanden, über den Umweg der modernen Wissenschaft hin zu Profit und Patenten bis hin zur aufkeimenden Renaissance der Bewusstseinsforschung – und was das alles für das Erwachen bedeutet.

1. Antike Weisheit: Die ursprüngliche Wissenschaft

Frühe menschliche Kulturen betrachteten Wissen als lebendige Intelligenz. Im Alten Ägypten belegen dies der *Ebers-Papyrus* und *der Edwin-Smith-Papyrus* (um 1500 v. Chr.). Dioskurides' De Materia Medica (um 50 v. Chr.) katalogisierte pflanzliche Heilmittel und chirurgische Techniken neben Gesängen, Beschwörungen und einem tiefen Verständnis des Herzens als Zentrum von Leben und Geist (Wikipedia [13], Wikipedia [14]). In ganz Griechenland verbreitete sich Dioskurides' *De Materia Medica* (um 50 v. Chr.). CE) dokumentierte über 600 Heilpflanzen - empirische Beobachtung vermischt mit ritueller Weisheit - und setzte sich über 1.500 Jahre in der arabischen und byzantinischen Tradition fort (Wikipedia [15]).

Viele antike Gesellschaften nutzten Pflanzenheilmittel nicht nur zur Behandlung von Symptomen, sondern auch zur Bewusstseinserforschung, zur spirituellen Kommunikation und zur Verbindung mit einer höheren Intelligenz. Diese Praktiken verkörperten eine organische Erkenntnistheorie, in der Beobachtung, Intuition, Ritual und Einsicht zusammenwirkten.

2. Der Untergang von Alexandria und das Ende der Forschung

Die Große Bibliothek von Alexandria war einst der Hort des kollektiven Wissens der Menschheit – Philosophie, Astronomie, Physik, Spiritualität. Sie verkörperte ganzheitliche und disziplinübergreifende Forschung (Vocal [16]).
Als es brannte, ging viel von diesem ganzheitlichen Wissen verloren; Texte über intuitive Wissenschaft, heilige Geometrie, Medizin und metaphysische Harmonie verschwanden. Das darauffolgende finstere Zeitalter erstickte die spirituelle Wissenschaft, bis Renaissance und Aufklärung die Neugierde neu entfachten – allerdings auf einem engeren, mechanistischen und unterdrückenden Weg.

Eine neue Ära begann: Newton berechnete die Gravitation, Descartes sezierte den Geist und Darwin kartierte die natürliche Selektion – doch nur wenige sprachen von innerer Resonanz oder der Existenz einer Intelligenz, die das Leben jenseits des Zufalls lenkt.

5. Die unerwartete Rückkehr der Wissenschaft ins Bewusstsein

Im letzten Jahrzehnt hat sich die wissenschaftliche Forschung – wider Willen – zunehmend mit Intuition, Energie und Bewusstsein überschnitten :

- Die Forschung zu **Psychoplastogenen** (z. B. Psilocybin, MDMA) zeigt eine tiefgreifende Umstrukturierung des Nervensystems, die Heilung und emotionale Transformation auf eine Weise beschleunigt, die die traditionelle Medizin nicht erreichen kann (arXiv [21]).
- Aktuelle Studien erforschen **Quantenprozesse im Gehirn,** wie etwa die Verschränkung innerhalb von Neuronenstrukturen und die Kohärenz in Mikrotubuli – was darauf hindeutet, dass Kognition jenseits der klassischen Chemie funktionieren könnte (arXiv [22]).
- Fachgebiete wie die Quantenbiologie dokumentieren nicht-klassische Phänomene – Pflanzen, die Licht über Quantenkohärenz wahrnehmen, Vögel, die sich über verschränkte Elektronenspins orientieren – noch bevor sich sichtbare Reize ändern (arXiv [23] , Reddit [24]).
- Die Neurowissenschaft hat herausgefunden, wie **Emotionen, Intentionen und Resonanz die Zellgesundheit beeinflussen** – positive mentale Zustände verbessern die Mitochondrienfunktion, die

Stimmungsregulation und die kognitive Widerstandsfähigkeit (Wikipedia [25]). PMC [26]).

beweisen nicht *Universelle Intelligenz* – doch sie *deuten auf* ihre Existenz hin. Sie zeigen, dass das Bewusstsein fließender, formbarer und dynamischer ist als bisher angenommen – und dass das Universum tatsächlich von unsichtbarer Intelligenz durchdrungen sein könnte.

6. Was dies für *die Universelle Intelligenz bedeutet*

Die Wissenschaft mag unter ihrem eigenen Gewicht gelitten haben – aber dieses Gewicht verlagert sich.

Wo uns einst geraten wurde, das Flüstern hinter dem Schein zu ignorieren, sehen wir nun in den Daten widerhallende Signale. Die wissenschaftliche Neugier kehrt zu den Fragen zurück, die sie einst verworfen hatte. Energiefelder, Intention, Bewusstsein jenseits des Gehirns, die Elemente Und die Prinzipien, die wir gesehen haben, werden stillschweigend bestätigt.

- Der Wille spiegelt sich in der Neuroplastizität und im Heilungsprozess wider.
- Das Gedächtnis manifestiert sich in der Epigenetik und der mitochondrialen Widerstandsfähigkeit.
- Intuition lässt vermuten, dass Quantenverschränkung und Synchronizität in der Biologie eine Rolle spielen.

- Vorstellung Sie breitet sich trotz aller Bemühungen, sie einzudämmen, weiter aus.

Ein Aufruf zur Neuausrichtung der Wissenschaft – und unserer selbst

Dies ist keine Verurteilung der Wissenschaft. Es ist ein Aufruf, sich an ihren Kern zu erinnern.

Wissenschaft ist im besten Fall ein Akt heiliger Neugier – das Bestreben, die verborgenen Mechanismen einer wundersamen Welt zu verstehen. Doch seit über einem Jahrhundert haben sich viele Wissenschaftszweige von diesem edlen Ziel entfernt. Die Fokussierung auf Profit, Patente und vorbestimmte Ergebnisse verengte den Horizont der Forschung. Entdeckungen wurden zu bloßen Liefergegenständen. Neugier wurde zur Pflichterfüllung.

Doch die Zeiten ändern sich.

Wir erleben ein Wiedererwachen – eine Rückkehr zu Fragen, die einst als unbeweisbar oder unwürdig abgetan wurden. Die Erforschung des Bewusstseins, die Untersuchung von Energiefeldern, das Wiederaufleben pflanzenbasierter Heilmethoden und die mutige Auseinandersetzung mit Intuition und Intention sind allesamt Zeichen dafür, dass sich die Wissenschaft an ihren Ursprung erinnert: Beobachten, hinterfragen, staunen.

Dieser Tag hat begonnen.

Dennoch dürfen wir nicht vergessen: *Universelle Intelligenz* wartet nicht auf Bestätigung.
Sie ist nicht auf Fachzeitschriften oder Labore beschränkt. Sie ist nicht an Formeln oder Peer-Review gebunden. Sie ist *jetzt* . In uns. Um uns herum. Immer.
Du musst nicht auf die nächste Studie warten, um die Wahrheit in deinen Knochen zu spüren.
Du brauchst keine Erlaubnis, deiner Intuition zu vertrauen, Achtsamkeit zu üben, zu geben und zu lieben, ohne etwas zu erwarten.

Die Wissenschaft wird nachziehen. Doch der Glaube ist bereits da.
Glaube an das Unsichtbare. Glaube an die Einheit aller Dinge. Glaube an das stille Wissen in dir, dass du ein Teil von etwas Unendlichem und Weisem bist.

Während Sie diese Reise fortsetzen, soll dies Ihre Einladung sein:

- Um den Daten *und* dem Göttlichen Ehre zu erweisen.
- *und* die Seele erforschen .
- Zu glauben, dass *universelle Intelligenz* kein Mythos ist, der darauf wartet, bewiesen zu werden – sondern eine Wahrheit, die darauf wartet, gelebt zu werden.

Und in diesem Leben beginnen wir zu heilen.
Nicht nur unseren Geist oder Körper – sondern auch die Brüche in unserer Spezies, die Trennung vom Ursprung und den Schmerz über ein nur halb gelebtes Leben.

Wir warten nicht darauf, dass die Wissenschaft die Existenz der Sonne bestätigt.

Wir treten einfach ins Licht.

Wo stehen wir also nun? Sind Wahrheiten nur dann belegt, wenn sie durch finanzierte wissenschaftliche Experimente nachgewiesen werden? Existiert Glaube überhaupt noch, wenn er nicht von einer privaten oder öffentlich anerkannten Institution bewiesen werden kann? Haben wir als Gesellschaft – oder gar als Spezies – die Fähigkeit verloren, zu forschen und zu hinterfragen? Hier liegt die größte Wahrheit und Kraft der *Universellen Intelligenz* : Dass das Universum und alles, was darin ist, in vielerlei Hinsicht jenseits unseres vollständigen Verständnisses liegt. Dass nicht alle Fragen oder Ereignisse so einfach durch geschicktes Können oder eine Forschungsmethode beantwortet werden können. Dass das Unerklärliche womöglich ungelöst bleiben sollte, dass es eine „Methode im scheinbaren Chaos" gibt, die wir noch nicht erkannt haben. Dass die unermessliche Ordnung des Universums womöglich nicht so leicht und schnell von unserem begrenzten Verstand erfasst werden kann.

Darin liegt das Paradoxon der *Universellen Intelligenz* – dass sie existiert, um von allen geteilt, aber von niemandem vollständig beherrscht zu werden. Dass einige Wahrheiten, die als „universell" gelten, Manches wird sich der Allgemeinheit offenbaren, doch anderes bleibt unbewiesen, unbeantwortet. Das ist wahrlich das Wunder des Universums: Während wir die Erhabenheit und Weite des Kosmos bestaunen, leben wir weiterhin unser Leben in diesen Körpern, und manche Realitäten warten noch immer darauf, von uns ergründet zu werden...

Kapitel 15 – Die Reise Erleben

> „Konzepte und Ideale gehören nicht ins Regal. Wie so vieles im Leben entfalten sie ihre größte Wirkung erst, wenn sie angewendet – in die Praxis umgesetzt werden."
> *– KC alias Der Schlangenkönig*

In jeder großen Geschichte gibt es einen Moment, in dem der Leser das Buch weglegt, tief durchatmet und sich fragt: **„Was nun?"**

Das ist dieser Moment.

Denn dieses Buch war nie als Ziel gedacht. Es ist eine handgezeichnete und von Herzen kommende Landkarte für die Reise zurück zu sich selbst ... eine Rückkehr zur Wahrheit. Sie haben uralte Weisheit, moderne Wissenschaft, vergessene Wahrheiten und wiedererkannte Seelenanteile durchwandert. Sie standen an Galileis Seite und saßen bei Schamanen. Sie blickten mit Tesla ins Feuer, beobachteten mit Will, wie Hirsche der Logik trotzten, und erforschten die Feinheiten von Gehirnwellen, Schwingungen und Emotionen mit Hilfe der Forschung, die endlich bestätigt, was Mystiker schon lange wussten.

Diese ***Universelle Intelligenz*** **ist real** . Sie ist da. Sie ist in dir. Und es ist Zeit, sie zu leben.

Die Elemente: Wahrheit in Bewegung

In diesem Buch haben wir die Elemente erforscht – jene angeborenen, aktivierten Frequenzen, die in jedem

Lebewesen wohnen. Sie sind keine fernen Ideale, keine neue Sekte und keine moralischen Checklisten. Sie sind unser Geburtsrecht. Sie sind die **Architektur der Seele** .

- **Der Wille** , der das Reh dazu trieb, die Sicherheit für etwas Unsichtbares aufzugeben. Er war es, der Überlebende durch brennende Gebäude trug, unheilbare Krankheiten heilte und jede Zeile dieses Buches schrieb.
- **Erinnerung** Das Gedächtnis ist der Speicher des Lebens im Geist, aber auch die Verbindung des Herzens zur Wahrheit. Es ist nicht immer zuverlässig – doch es lässt sich mithilfe von Methoden wie Tagebuchschreiben, Visionboards und Stille neu ausrichten, um uns daran zu erinnern, was wirklich zählt.
- **Wahrnehmung** ist die Art und Weise, wie wir die Welt interpretieren – und wie wir sie gestalten. Deshalb können fünf Menschen denselben Moment erleben und fünf verschiedene Geschichten erzählen, jede mit ihrer eigenen Wahrheit. Es sind die unterschiedlichen Farben und Perspektiven, die jeder von uns in ein und demselben Bild sieht, wahrnimmt und bewertet.
- **Intuition** ist das Flüstern, das zum Brüllen wird, wenn man endlich lernt, ihr zuzuhören. Sie ist es, die Menschen davon abhielt, in verhängnisvolle Züge einzusteigen, die Belugawale vor Erdbeben an Land

lockt und die dich schon immer in Einklang mit dir selbst gebracht hat.

- **Die Vorstellungskraft** ist die kreative Schmiede des Geistes, in der aus den Funken der Möglichkeiten die Blaupausen der Realität entstehen. Sie ermöglicht es uns, die Zukunft zu durchspielen, Probleme zu lösen, die es zuvor noch nie gab, und Welten zu entwerfen, die noch nicht existieren. Ohne Vorstellungskraft hat Will keine Vision, die er verfolgen könnte.
- **Die Vernunft** ist die ruhige Hand, die der Inspiration Form verleiht. Sie ermöglicht es uns, unsere Ideen zu prüfen, zu verfeinern und mit der Wahrheit in Einklang zu bringen. Die Vernunft bewahrt die Fantasie davor, in Illusionen abzudriften, und sorgt dafür, dass unsere Schöpfungen sowohl schön als auch fundiert sind.

Diese Elemente Ziele sind keine bloßen Ziele. Sie sind bereits in dir, in uns allen. Die Aufgabe besteht nicht darin, sie zu erlangen, sondern sie zu **aktivieren** .

Die *Prinzipien* : Anker für die Seele

Auf diesem Weg haben Sie auch die Prinzipien der *Universellen Intelligenz verinnerlicht* , jene ewigen Wahrheiten, die den Rahmen bilden, in dem sich Ihr Wachstum, Ihre Erleuchtung und die wahre Wahrheit entfalten. Denken Sie daran:

- Dass du nicht kaputt bist.

- Dass du nicht allein bist.
- Dass dein Leben einen Plan und einen Sinn hat.
- Dass du mit allem verbunden bist.
- Diese Heilung ist möglich und hat bereits begonnen, wenn Sie sie zulassen.

Das sind keine tröstlichen Gedanken. Sie sind **universell. Spirituelle Wahrheiten** – nicht von uns, sondern von der Intelligenz verfasst, die uns alle erschaffen hat ... und auch dich. Diese *Prinzipien* bilden den **Kompass** , mit dem du dich durch die *Elemente navigierst* . Ohne sie ist die Arbeit mühsam. Mit ihnen wird sie unausweichlich.

Vom Glauben zur Praxis: Die Arbeit leben

Lasst uns das in die Tat umsetzen.

So kraftvoll die Konzepte und heiligen Geschichten auch sein mögen, sie sind bedeutungslos, wenn sie nur Theorie bleiben. Wie bereits erwähnt, sind sie nicht dazu bestimmt, in der Schublade zu verstauben. Sie sollen gelebt, praktiziert und verinnerlicht werden. Erst wenn wir sie in die Tat umsetzen, entfaltet sich die wahre Magie in unserem Leben.
Wenn Sie sich auf diese Arbeit einlassen, werden Ihnen vier Denkweisen auf Ihrem Weg als Begleiter dienen: **Fülle** , **Gnade** , **Dankbarkeit** und **Präsenz** .

- **Fülle** bedeutet, die Überzeugung zu haben, dass immer genug da ist – genug Liebe, genug

- **Plan für digitale Bildschirme:** Jede Berührung dämpft das Signal. Begrenzen Sie die Bildschirmzeit, indem Sie sie bewusst wählen. Gewinnen Sie Ihre Aufmerksamkeit zurück.

- **Gemeinschaft:** Ob beim Kaffeetrinken mit einem weisen Freund oder beim Lachen am Lagerfeuer – isolieren Sie sich nicht. „ Kein Mensch ist eine Insel. “ Verbundenheit fördert die Weisheit.

- **Morgenroutine:** Beginne deinen Tag bewusst. Kümmere dich zuerst um deinen Körper und deinen Geist. Befreie dich von negativer Energie und negativen Gedanken und bringe dich in Einklang, bevor die Welt von dir eine Reaktion verlangt.

- **Zeit in der Natur:** Wir haben es schon erwähnt; Studien zeigen, dass bereits 20 Minuten in der Natur den Cortisolspiegel senken und die körpereigene Regulation reaktivieren. Lassen Sie sich von der Natur neu ordnen.

- **Zielsetzung:** Kleine, erreichbare Ziele setzen Dynamik in Gang und stärken das Selbstvertrauen. Erfolgserlebnisse, egal auf welchem Niveau, steigern das Selbstvertrauen.

- **Lesen Sie echte Bücher:** Lassen Sie das physische Umblättern der Seiten Ihren Atem beruhigen und Ihren Geist nähren.

- **Fernsehdiät:** Wählen Sie Geschichten, die Sie inspirieren. Lassen Sie Ihrer Fantasie Raum. Lassen Sie sich nicht unterhalten, bis Sie gefügig sind.
- **Zeit der Stille und des Nachdenkens:** Schaffen Sie Raum für Staunen und sogar Langeweile. Lassen Sie Ihre Gedanken ziellos schweifen; hier begegnet Ihnen oft das Göttliche.

Diese Disziplinen sind eure Ruder. Ohne sie treibt ihr ziellos umher. Mit ihnen steuert ihr auf die Souveränität zu.

Was dich zurückhalten könnte (und warum das in Ordnung ist)

Die Reise wird nicht perfekt verlaufen.
Aber **Perfektion ist auch nicht das Ziel, sondern die richtige Ausrichtung.**

Sie könnten Folgendes erleben oder damit konfrontiert werden:

- **Die Angst** , nicht gut genug zu sein.
- **Neid** auf diejenigen, die scheinbar weiter fortgeschritten sind.
- **Selbsthass,** der sich als Bescheidenheit tarnt.
- **Vergleiche** , die die Freude an deinem einzigar Weg trüben.
- **Ungeduld,** anzukommen, bevor man bereit
- **Ablenkung** durch externe Bestätigung und

- **Knappheit** , die besagt, dass man den Rückstand nie aufholen wird.

Doch das sind keine Misserfolge, sondern Einladungen. Sie zeigen, wo Heilung am ehesten möglich ist. Denk daran: Dein Weg verläuft **nicht linear** . Es gibt kein „Vorne“ und kein „Hinten“, nur *Werden* .

Sie sind in diesem Prozess nicht allein.
Und **Sie müssen ihn auch nicht allein gehen.**

Von der inneren Aktivierung zur äußeren Strahlkraft

Eine der größten Lügen der modernen Gesellschaft ist die Annahme, dass Veränderung von außen kommt. Das stimmt nicht. Sie beginnt mit einer einzigen Seele, die sich entscheidet, aufzuwachen.

Interne Transformationen gehen stets externen Einflüssen voraus.

Sie werden es zunächst daran erkennen, wie Sie mit sich selbst sprechen, dann daran, wie Sie sich selbst und andere behandeln, und schließlich daran, wie sich andere fühlen, wenn sie in Ihrer Nähe sind.
So breitet sich Licht aus: Nicht durch Revolution, sondern durch **Resonanz** .

Tritt dem Cerebro-Universum bei

Ob Sie diese Reise gerade erst beginnen oder schon seit Jahrzehnten dabei sind, **wir sind** für Sie da. Sie müssen sich nur noch entscheiden.

Cerebro Universe ist keine Marke und kein Produkt. Es ist ein **Zufluchtsort** für erwachte Seelen, die nach Verbindung mit *der Universellen Intelligenz streben* . Es ist ein Treffpunkt für all jene, die bereit sind, ein erfülltes, liebevolles und strahlendes Leben zu führen.

Unsere Mission :

Als Zufluchtsort dienen, an dem alle Menschen mit der Höchsten Energie und der Universellen Intelligenz in Verbindung treten können, um so ihr Erwachen zu fördern und sie zu befähigen, als vollständige Wesen auf diesem Planeten zu leben.

Durch Schriften, Gespräche, Treffen und gemeinsames Lernen schaffen wir Raum für **Wahrheit** , **Zugehörigkeit** und **Erwachen** .

Du bist eingeladen. Nicht weil du uns brauchst, sondern weil **wir einander brauchen** .

Abschließende Betrachtung: Die Einladung gilt jetzt.

Ja, die Wissenschaft holt auf. Wir sehen es in den Schriften über Bewusstsein, Neuroplastizität, Pflanzenmedizin und Energiefelder. Von alten Zivilisationen, die Schwingungen und heilige Geometrie verstanden, über das in den Bränden von Alexandria verlorene verborgene Wissen bis hin zum Aufstieg der Quantentheorie und der spirituellen Biologie – wir erleben eine *Rückkehr* .

Und dennoch, wie wir bereits deutlich gemacht haben, müssen Sie nicht auf eine von Fachkollegen begutachtete Arbeit warten, um Ihre Seele zu bestätigen.
Sie warten nicht auf eine Erlaubnis.

Du, und nur du allein, besitzt die Erlaubnis.

Glaube ist ab sofort erhältlich.

Die Stimme der *universellen Intelligenz* flüstert jetzt.
Die Einladung, im Einklang mit dir zu leben, liegt bereits vor deiner Tür.

Glaube. Gib dich ganz der Aufgabe hin. Erwache vollständig.
Lass dein Leben der deutlichste Beweis dafür sein, was möglich ist, wenn ein Mensch sich entscheidet, in Verbindung mit dem Göttlichen zu leben.

Das Buch schließt sich.
Doch dein Leben, die wahre Geschichte, beginnt von

neuem. Schreibe sie mit Liebe. Lebe sie voller Staunen.

Und vergiss nie: **Du wurdest dafür geschaffen.**

Du bist genug.

Referenzen

1. Chalmers, *Das bewusste Denken* , 1996. https://www.amazon.com/Conscious-Mind-Search-Fundamental-Philosophy/dp/0195117891

2. Capra, *Das Netz des Lebens* , 1996. https://www.amazon.com/Web-Life-Scientific-Understanding-Systems/dp/0385476760

3. Siegel, *Die Entwicklung des Geistes* , 2012. https://www.amazon.com/Developing-Mind-Third-Relationships-Interact/dp/1462542751

4. „Das Gottesteilchen: Wenn das Universum die Antwort ist, was ist dann die Frage?“, von Leon M. Lederman, 1994. https://www.amazon.com/God-Particle-Universe-Answer-Question/dp/0618711686

5. Healthline, 2024. https://www.healthline.com/health/vibrational-energy

6. Die Geschichte des Gedächtnisses des Wassers, Yolene Thomas, 2007. https://pubmed.ncbi.nlm.nih.gov/17678810/

7. Allen Institute, 2025. https://alleninstitute.org/news/landmark-experiment-sheds-new-light-on-the-origins-of-bewusstsein/

8. „Feeling & Knowing: Making Minds Conscious" von Antonio Damasio, 2021. https://www.amazon.com/Feeling-Knowing-Making-Minds-Conscious/dp/1524747556

9. Nationales Forschungsinstitut für das Humangenom, 2022. https://www.genome.gov/About-Genomics/Introduction-to-Genomics

10. Suzzane Simrad, 1997. https://suzannesimard.com/research/

11. Massachusetts General Hospital, 2011. https://www.cbsnews.com/news/meditation-may-help-brain-tune-out-distractions/

12. Randy Pausch, „Die letzte Vorlesung", 2007. https://www.youtube.com/watch?v=ji5_MqicxSo

13. Wikipedia. https://en.wikipedia.org/wiki/Ebers_Papyrus

14. Wikipedia. https://en.wikipedia.org/wiki/Edwin_Smith_Papyrus

15. Wikipedia. https://en.wikipedia.org/wiki/De_materia_medica

16. Gesang. https://vocal.media/history/the-library-of-alexandria-did-it-hide-the-secrets-of-the-universe

17. ArXiv . https://arxiv.org/abs/1806.07998